保险怎么买？

北大宝妈的保险攻略

高媛萍◎著

中国经济出版社
CHINA ECONOMIC PUBLISHING HOUSE
·北京·

图书在版编目（CIP）数据

保险怎么买：北大宝妈的保险攻略 / 高媛萍著 .

北京：中国经济出版社，2020.5（2022.6 重印）

ISBN 978-7-5136-5798-3

Ⅰ . ①保… Ⅱ . ①高… Ⅲ . ①保险—基本知识 Ⅳ . ① F84

中国版本图书馆 CIP 数据核字（2019）第 301748 号

责任编辑 张梦初

责任印制 巢新强

封面设计 任燕飞

出版发行 中国经济出版社

印 刷 者 北京力信诚印刷有限公司

经 销 者 各地新华书店

开 本 787mm × 1092mm 1/32

印 张 9.5

字 数 183 千字

版 次 2020 年 5 月第 1 版

印 次 2022 年 6 月第 3 次

定 价 58.00 元

广告经营许可证 京西工商广字第 8179 号

中国经济出版社 **网址** www.economyph.com **社址** 北京市东城区安定门外大街 58 号 **邮编** 100011

保险的意义，只是今天作明天的准备；生时作死时的准备；父母作儿女的准备；儿女幼时作儿女长大时的准备；如此而已。

今天预备明天，这是真稳健；生时预备死时，这是真旷达；父母预备儿女，这是真慈爱。

能做到这三步的人，才能算作是现代人。

——胡适

内容提要

本书共分五部分：第1部分是“理念篇”；第2部分是“基础篇”；第3部分是“方案篇”；第4部分是“实务篇”；第5部分是“后续篇”。

第1部分　理念篇。该部分协助读者树立正确的保险理念。在社会保障体系中，储蓄、医保、网络筹款、互助、保险等发挥了不同作用。保险是医保的有力补充，可以转移大病、身故等带来的经济损失风险。很多消费者对保险存在误解，认为保险不赔、保险忽悠、保险很贵，但误解破除后会发现，保险比我们想象中的更靠谱。保险的基础作用是保障，可以让风险更分散、让生活更安定；保险的进阶作用是稳健理财，安全性高、收益稳定，可应对寿命、婚姻等不确定性，有效进行财富规划与传承。

第2部分　基础篇。该部分分别介绍了意外险、医疗险、重疾险、定期寿险、终身寿险、年金保险等人身险，并从实务角度进行详细解读，使得消费者学会自主选择产品。其中，意外险、医疗险、重疾险、定期寿险等四大类保障型保险适合大众家庭，值得优先入手。对于经济情况较好的家庭来说，还可关注终身寿险、年金保险等。最后还简单介绍了车险、家财险等财产险。

第3部分　方案篇。该部分的目的是教会读者制订家庭保险方案。主要介绍了买保险的三个基本原则（先风险、后保险，先保障、后理财，先大人、后小孩/老人），做方案前要做的两件事，怎么给儿童、老人、成人做保险方案，最后以年收入15万～25万元的三个家庭为例，分析各家庭的风险和需求，列出相应的配置思路及参考方案，方便读者根据家庭实际情况做修改。

第4部分　实务篇。该部分主要介绍了消费者在买保险过程中的实务问题，例如，怎样选择保险公司？怎么选择购买渠道？怎样做好如实告知？如何理解“两年不可抗辩”？身体有异常如何投保？投保中有什么注意事项？投保人、被保险人、受益人怎么设置更合理？保险合同重点看哪些内容？掌握这些投保实务后，相信消费者的投保过程会更顺畅。

第5部分　后续篇。买了保险后，并不是高枕无忧，该部分主要介绍了买完保险后要关注的或可能面临的几件事。例如，犹豫期内要做什么？如何补充告知？如何做好保单管理？如何保全、续保、退保、理赔？理赔有争议怎么办？可解决消费者投保后可能面临的各种问题。

自　序

在这世界上，一定有另一个我，做着我不敢做的事，过着我想过的生活。

——山本文绪

01　你不必一直奔跑

从小到大，好像一直在埋头奔跑。

七八岁的时候，到山上去背柴火。回来的路上实在背不动了，放在道中，坐在柴火上。看马尾草在夕阳里摇曳。

十三四岁的时候，在停电的晚上点起蜡烛做作业。心想着绝不能再输给隔壁中学的F先生。飞蛾从窗外的雨夜扑腾进来。

十八岁的时候，终于和F先生一起来到未名湖。第一次做家教回来路上，他花了十块钱在味多美给我买了马赛克饼干。吃了一个星期。

二十九岁时，汐汐来到我们身边，两个人变成了三个人。从此有了最温柔的角落，也有了最坚硬的铠甲。

稚嫩的生命带来了前所未有的不安全感，于是自己琢磨给汐汐买保险。尔后给自己投保，甲状腺结节，被延期，复查。确诊甲状腺癌。没有恐惧和惊诧，只是觉得有些荒谬。脑子里只有一个想法在转啊转：汐汐怎么办?

在肿瘤医院时，病房里，过道里，电梯里，全是蠕蠕而行的癌症病人。每个人好像都独自站在遥远的沙漠上，那么孤单，即便家属在旁边搀着。夜里走廊不时传来吸痰声，呼呼、呼呼，仿佛每一口气从你的胸腔突起。

人只有这个时候，才会切身体会到，只有健康和家人才是最重要的。除了生死，一切都是小事。

不幸中的万幸，甲状腺癌只是恶性程度最低的癌，治疗得当的话并不影响寿命。手术后的一天，F先生特意去买了束百合放在床头，笑着说：瞧，你现在把1%的地雷都排光了，剩下的99%全是健康的啦，人生一片坦途！

就这样，生活朝我做了个鬼脸，然后偷偷地贴着我的耳朵说：好好再想想吧。

02　试着为自己工作

伍迪·艾伦说："下辈子，我想倒着活一回。第一步就是死亡，然后把它抛在脑后，在养老院里睁开眼，一天比一天感觉更好，直到因为太健康被踢出去……然后变成了孩子，无忧无虑地玩耍，肩上没有任何责任。"

越生活，越发现自己只是个普通人，解决不了的事情越来越多，能把握的事情越来越少。一个人能够取悦自己，取悦家人，已经是很奢侈的事情，大概再没有精力去让别人满意了。

试着为自己工作。不需要向任何人证明自己。那些不熟悉的脸孔如河水般流过身旁。我平凡无奇，悄无声息。人的一辈子这么短暂，要很认真地活给自己。本本真真，不骄傲也不自怜。就这么活得简单，笑得灿烂。

想通了之后，忽然觉得一片豁朗。失去的已经失去，我不再害怕。夺不走的，家人之间的爱，永远在我的手心。

很感恩这个时代，容忍我们这一代人的任性，给予我们变化的可能性。我们的父辈没有经历过这个好时候，自由择业对他们而言是件奢侈的事情。而我们现在不管去做什么，大概总可以保证自己吃得饱，穿得暖。有这个前提，为什么不去尝试听从内心的声音，尝试一下想走的路呢?

离职时大姐们关切地问着：要考虑清楚啊。其实当时并没有考虑清楚，只不过希望前路有更多的可能性，也害怕等得越久，就越没有脱离的勇气。

等待太久的东西，多半已经不是当初想要的样子了。

03 每一点滴努力，都创造正向价值

很喜欢日本一些小而美的工作室，也想就这么做一个简简单单的工作室，琢磨点自己喜欢的东西。如果能对大家有帮助，那就更好了。

这个小工作室，会发生些什么?

顺着心意，边走边看。会努力地做保险科普，帮助大家更好地用保险守护家人。会努力地去探寻生活的真相，什么才是真正的幸福。

只愿每一点滴努力，都创造正向价值。

什么都可以做，什么都可以不做。哪儿都可以不去，哪儿都

可以去。想到这个世界这么简单，就禁不住满心欢喜。

美好的生活啊，你将如何向我们展开未知的明天呢？

目　录

Contents

PART 1 理念篇

1. 如何守护我们的家人

——岁月并不总是静好，波澜起伏才是生活的真相。

身为普通人，岁岁平安是我们朴素的愿望。

但幸运或者不幸随时会降临，只是个概率事件。

时至今日，谁也无法回避“家有病人”的情况，“看病难、看病贵”的焦虑始终潜藏在我们的平凡生活里。

2018年初，一篇《流感下的北京中年》刷屏，2.6万字，详细记录了作者岳父29天从染上流感到离去的全过程，突如其来、势不可当的病魔，奔波无助的家人，无不让人心有戚戚焉。

文章作者是一名北京的中产阶级，有房有车，有协调医院资源的人脉，能负担得起几十天的ICU，但依旧竭力奔走、苦苦挣扎。其他经济更差的家庭呢？医疗更差的地区呢？

插管后ICU的费用直线上升。预计插管能顶72小时，如果还不行，就要上人工肺了。人工肺开机费6万，随后每天2万起。我们估算了下，家里所有的理财（还好没有买30天以上期限的产品）、股票卖掉，再加上岳父岳母留下来养老的钱，理想情况下能撑30～40天。

那么40天以后呢？

要准备卖房吗？

夫人沉默良久，说：先卖东北的房子吧。爸爸恢复了也不能上6楼了。

我：老家房子短期卖不掉，卖掉也就撑个十几天。如果在ICU要待很长时间，只能卖掉北京的房子。

夫人：如果ICU住了50天都出不来，可能真就不行了。

说完号啕大哭：他才60岁啊，刚办完退休手续，啥福也没享。要是像爷爷奶奶那样90岁了，我也不给他上这些折磨人的东西了。但一个感冒就走了，我不甘心啊！

……

如果钱花光，女儿、夫人、岳母和我自己以后就扛不住任何的冲击，再有人生病，ICU的门都进不去。

——《流感下的北京中年》

人到中年，上有老下有小，风风雨雨也都经历过了，不必再刻意回避疾病甚至死亡这个话题。

面对随时可能到来的变故，静下来，问自己：

我们真能把当下的幸福一直维持到以后吗？

如何守护我们的幸福？

如果你能接受风险的存在，那么接下来我们就一起冷静地探讨各类保障方式在守护大家幸福方面能起到的真实作用。

● 家族内部：储蓄

“存钱”是中国人的朴素意识，看病、养老均有赖于此。但现在，受房产价格暴涨，以及“超前消费”理念等影响，多数家庭迅速地从“高储蓄家庭”转向了“高负债家庭”（见图1-1）。

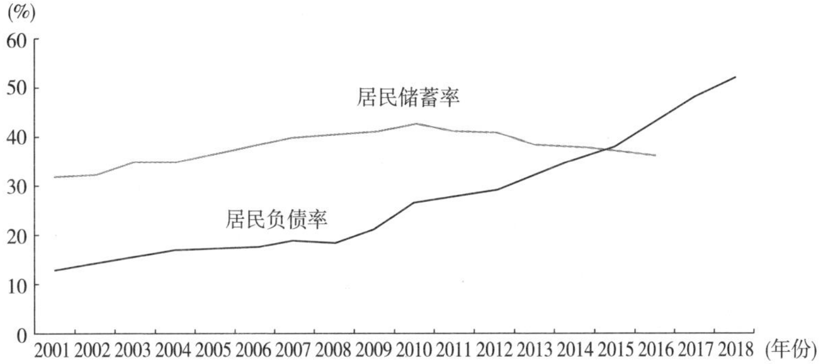

图 1-1　中国居民部门储蓄率及负债率

资料来源：国家统计局及国家资产负债表研究中心。

很多家庭的财富都沉淀在房产上，看似财富不少，但财产流动性堪忧。有时身家千万的家庭，现金流可能不到30万元，应对疾病风险的能力非常薄弱。

而现在的80后、90后，大多数适应着提前消费甚至透支消费的生活方式，“月光”“年光”，难有积蓄可言，应对重大疾病的能力更弱。

2016年沸沸扬扬的某白血病儿童事件，不就是如此吗？家有房产，但还是让每天1万元的医疗费用“吓得心慌”，不得已求助网友筹款，而“房子是要留给儿子的”。

大家不妨问问自己：如果家人罹患重疾，医院让你在一个月内必须拿得出30万元现金，是否拿得出？这个问题会令人不舒服，但也必须直面。毕竟，医院可不是你能讨价还价的地方。

- 外部：医疗保障体系

来看看我们身处的社会还有什么保障。我国的医疗保障体系主要分成三层（见图1-2）：

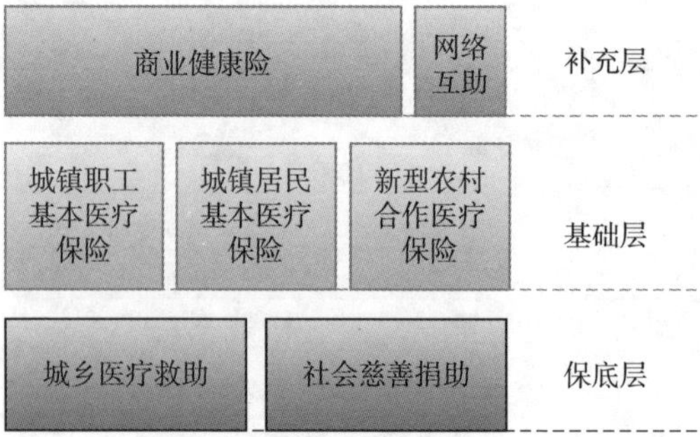

图1-2　我国医疗保障体系结构

（1）保底层。

保底层包括城乡医疗救助、社会慈善捐助等，其特点是“低覆盖、低保障”。

城乡医疗救助：

针对特困居民，如“五保户”等，救助条件严格，多数人享受不了，这里不展开论述。

社会慈善救助：

最常见的是朋友圈里的众筹：帮帮我的孩子/爱人/父母吧。这些筹款确实也帮助了不少家庭，但是，到底能筹多少钱？真的能将生的希望寄托于筹款平台吗？

高高在两家最常见的众筹平台查询了一下相关数据，答案很不乐观：即便使用官方宣传数据，平均筹款额也仅仅在1万～1.25万元左右。考虑到部分大额筹款，有很多筹款额仅仅在0.5万～1万元。

A众筹官网截图（见图1-3）：累计帮助253万个家庭，筹集善款总额超过255亿元 。可以测算平均筹款：1万元左右。

筹款案例

已累计帮助253万个家庭

为什么选择××筹

已累计筹款超过255亿元

图 1-3　A 众筹网站筹款数据

B众筹官网截图（见图1-4）：80多万名患者，100亿元筹款。可以测算平均筹款：1.25万元左右。

图 1–4 B 众筹网站筹款数据

总结：求助于筹款平台，你平均能拿到1万元左右。但你也放弃了经济上的尊严，慈善并非毫无代价。所以选择慈善救助，是最后一步的办法。

（2）基础层。

基础层主要指医保，其特点是“广覆盖、中低保障”。

从覆盖率来看，2018年，全国基本医保参保人员为134452万人，参保覆盖面在95%以上。从保障来看，“基本医保+大病保险”的实际报销比例为59%左右，虽然相对于以前已经有了长足进步，但也有较大的局限性，主要体现在：一是有报销额度限制，如起付线、封顶线、报销比例等；二是大部分费用需要自己先垫付，之后才能报销；三是有报销范围限制，仅限社保内，很多进口药等社保外项目是无法报销的。同时，医保目录更新大大滞后于医疗技术的发展，导致许多新药品新疗法无法纳入医保，所以在实际中，一些重疾的治疗费自付比例远远高于报销比例。

我病了三年，四万块钱的一瓶正版药，我吃了三年。房子吃没了，家人被我吃垮了，现在好不容易有了便宜药。你们非说它是假药。那药假不假我们能不知道吗？那药才500块钱一瓶，药贩子根本不挣钱。谁家能不遇上个病人，你就能保证你这一辈子不生病吗？你把他抓走了，我们都得等死。我不想死，我想活着。行吗？

——电影《我不是药神》

而医保另一个令人担忧的问题在于，随着人口老龄化加剧，劳动人口减少，缴纳保险费的人口越来越少，医疗保障基金可能面临巨大缺口。虽然目前医保基金总体有结余，但部分省份入不敷出，有些地方因为资金紧张，甚至出现医保延迟报销的现象，今年提交的报销，可能几年后才能到账。

总结：一般疾病经过医保报销后，有不少费用还需要自付，但通常越严重的疾病如癌症，自付比例越高。万一得重病，还是得准备至少30万元以上的资金。有了医保，就有了基础的医疗保障，但并不意味着可以高枕无忧了。

（3）补充层。

商业健康险：

补充层主要指的是商业保险，其特点是“自主购买，多买多得”。

商业保险是个人根据具体需求补充配置的保障，费用由个人承担，如常见的重疾险、医疗险等商业健康险。商业健康险有以下特点：一是报销限制可以放宽，可以覆盖社保外用药，例如治疗癌症的靶向药；二是保额自定，多花钱多保，少花钱少保。

很多人会认为商业健康险非常贵，其实并不是。如，30岁男性，买一份300万元保额、免赔额1万元的一年期医疗险，一年保费只需要200～300元。一顿饭的钱，就可以让自己放心看病、放心去大医院、放心用好药。遗憾的是，很多人都还没有足够的意识去购买商业健康险，甚至最后不得已通过众筹去解决医疗费用。

总结：相对于慈善救助和医保，商业保险是唯一可以掌控在自己手里的保障手段，也是现代人维护自己经济尊严的最好手段。对于经济不充裕的家庭，尤其有必要配置商业健康险，提高对风险的抵御能力。

网络互助：

现在互联网平台上经常能看到XX“互助”计划，“只要支付几元钱，一旦生重病，就可以获得高达数十万元的救助金”。看着很有吸引力，是不是买了这个就足够了?

网络互助和保险一样，都是一种风险分散机制，将个体的风险分散到一个大的群体中，其产品跟保险里的一年期重疾险比较相似。网络互助这几年发展迅速，救助了不少个体，作为整个社会风险保障的一个环节，已经在发挥着一定的作用。

但网络互助也不能过高估计，之所以价格上显得便宜，一方面是描述上“取巧”，不是“只要几块钱”，而是一次“要几块钱”，一年要产生“很多次”，算起来费用也不少；另一方面，很多的参与者其实并不符合加入互助的健康条件，甚至根本没有注意还有“健康告知”这一项，顺手就点了“加入”。这意味着，很多人只是在“捐钱”，而真当自己出险时，才发现并不能得到赔偿。只是这几年互助计划刚刚兴起，问题还未大规模显现。

更关键的一点是，这些互助平台不受任何监管，预支和汇集的资金在哪里、谁监管、如何使用、如何赔付，这些都靠平台自己在管着。如果你认真看一下这些互助平台，都会在首页看到这么一句话：“互助不是保险。”这是金融监管部门严格要求加上去的，因为互助是区别于保险的新业态，并不受任何金融监管部门的监管。而P2P的集体“爆雷”告诉我们一个带血的真理：不受任何监管的金融平台有多可怕，没有人知道钱去哪儿了。

这两年，网络互助平台已经在资本的浪沙中淘汰了一大批，活下来的平台，资金使用仍无人监管。而剩下的平台能否在“公益”之外求得持续的商业化生存，也需要市场来检验。

总结：作为消费者，可以适当参加网络互助，将其作为补充型的保障。只是有两点必须要注意：一是加入时，得仔细看看是否符合相应健康条件，这关系着你是否真的得到了保障，还是一直在给别人"捐钱"；二是不要对此类互助寄予太高的希望，平台能存续到什么时候、资金会不会出问题、风控手段是否有效，无人可以背书，所以你最好能有其他更加确定的保障，而不要把所有希望放在互助上。

2. 我们为什么不相信保险

既然保险这么好，那为什么这么多人反感保险，觉得"保险"很不靠谱呢？高高在网上做过一次小调查，提了三个问题：

① 你觉得保险有用吗？

② 为什么会想买？

③ 为什么会不想买？

绝大多数朋友都回答：

① 有用。

② 现在的社会环境不安全因素太多，多个保障挺好的。

③ 不想买的理由就多了。总结起来，大概有以下三类：

A. 保险总是不赔，不靠谱。

B. 保险忽悠多，不靠谱。

C．保险太贵了，买不起。

这可能代表了很多人对保险的看法，阻碍了大家靠近保险、运用保险。

保险不赔?

——保险其实比你想象的要靠谱。

保险最让人诟病的就是：买了不赔。很多人都听过身边朋友说“保险这不赔、那不赔”，觉得“买保险、不保险”，还不如自己存银行省心呢。

真的是这样吗?

● 好事不出门，坏事传千里

——保险“买了不赔”的概率大吗?

“买了赔不赔？”众说纷纭，还是用数据说话吧。一个关键指标，获赔率，即获得理赔的案件占申请理赔案件的百分比。高高选取2018年部分保险公司公布的理赔数据报告做了一个统计。为了更加全面，特意抽取了不同规模的5家保险公司（见表1-1）。

表 1-1　不同规模的 5 家保险公司的理赔数据

保险公司	获赔率（%）	赔付金额（亿元）
寿险公司A	99.40	400
寿险公司B	97.31	22

续表

保险公司	获赔率（%）	赔付金额（亿元）
寿险公司C	98.69	9.44
寿险公司D	99.00	5.3
寿险公司E	98.87	1.9

由表1-1可见，不管公司规模大小，申请保险理赔的获赔率大体都保持在97%～99%。这些数据虽然可能要打点折扣，一方面是保险公司自己公布的数据，准确性有待核实；另一方面小额理赔一般成功率高，大额理赔成功率可能要低一些。但不管怎么说，总体的理赔成功率都是非常高的，那为什么大家传统的印象都是保险“不赔”？

可能很重要的一个原因，就是“好事不出门，坏事传千里”。举个例子，之前滴滴网约车发生的刑事案件震惊社会，一度让网约车处于整个社会的批判之中，陷入公关危机。网约车真的很危险吗？高高特地去查了数据，根据最高人民法院2018年9月的《网络约车与传统出租车服务过程中犯罪情况》做了一个对比（见表1-2）。

表1-2　2017年全国各级法院一审审结的司机实施犯罪情况

类型	2017年刑事犯罪件数（件）	每万人案发率（%）
出租车司机	175	0.627
网约车司机	18	0.048

从这个数据可以得出什么结论？每万人案发率，出租车司机犯罪概率是网约车司机的13倍之多！如果仅从这个数据看，网约车的出现，非但没有降低乘客出行的安全，反而提升了很多。之所以一度让大家恐慌，可能更主要的原因在于现在的舆论发达，一个坏的个案就能迅速传递到全社会，形成公众的负面形象。

网约车仅用一两年就“塑造”了自己的负面形象，而保险呢？二三十年。在过去的二三十年里，保险业的发展是比较粗放的，不仅在销售端存在着很多销售误导现象，在理赔端也确实存在着不少“拖赔”“惜赔”甚至“拒赔”的案例。这些“坏事”，有的经过媒体的放大，有的经过当事人对亲朋好友的“口口相传”，久而久之，就形成了“保险不赔”的印象。而“好事”呢？这么多年，保险业赔付了无数的案例，帮助了无数的家庭免于困苦，但这些“好事”往往不会出门。国人是内敛而保守的，很少会有人愿意跟亲友说起：我家遭了什么灾、花了多少钱。更没有人会愿意说：我从保险公司拿到了多少钱。你看，就像我们坐网约车一样，坐完车点个好评都懒得动动手指，更不会逢人就说，我这次网约车出行，很安全。但只要新闻或者身边朋友遇到过一次令人不悦的经历，那么立刻就会对网约车的印象大打折扣了。但不管你怎么想，网约车的安全概率，就放在那儿。保险理赔的高成功率，也就放在那儿。

● 保险“买了不赔”的原因有哪些?

保险跟电视等其他商品不一样，它是虚拟的，看不见、摸不着。所有的权利和义务，都在一纸合同上。所以赔不赔，关键在于合同。保险合同是格式合同，内容都是保险公司预先列好的，消费者只有“接受”与“不接受”两个选项。而消费者在签订格式合同时，往往容易吃亏。

保险合同里一堆专业词汇，厚厚十几页，很多消费者根本看不懂。投保人买了保险后，对于自己到底买了什么、保什么，都不太清楚，甚至直到出险才会翻出来看看，之前买了啥?

保险复杂的很大一部分原因在于其特性。保险的原理是数学上的大数法则，这就使保险在界定保障责任等方面要很精确，比如一个病到底达到什么程度才能保。定义如果模糊，计算风险也会不准确，保险的持续性就无从谈起。

另外一部分原因要“归功”到保险公司身上。再复杂的事情，如果想要说清楚，都是能说明白的。但保险公司是商业机构，和其他商业机构一样，一定程度上就是利用信息不对称谋利。

高高在本书第29小节“理赔有争议怎么办”中详细分析了理赔纠纷的常见原因，这些原因归根结底，都是因为消费者没有认真看合同。

● 作为消费者，怎么才能确保“买了能赔”？

作为一个现代经济社会的个人，合同背后的契约精神是维护自己合法权益最有力的武器。不管从哪个渠道购买保险，都要花时间认真看合同，特别是对自己不利的那些条款。虽然麻烦，但买保险毕竟是很大一笔钱，而且每年都要交，所以还是值得的。如果你确保自己在签订合同时已经对合同内容了解了，如实告知也做到了，那么理赔的成功率应该非常高。但你可能还会担心，会不会保险公司怕赔钱，故意找理由不给赔？

以高高了解的情况，不会的。保险公司计算保费时，很大一部分就是预留做赔付的支出，理赔是一个正常的流程，投保人正常交钱，保险公司正常赔钱，保险公司没有理由，也不会拒绝正常申请的理赔案件。

事实上，保险公司在处理个案时，有时候反而是“弱势群体”，诉诸到保险监管机构、法院的很多案件，都最终做出了倾向消费者的判罚，有时甚至是看上去“不符合合同约定”的案例得到了赔付。

为什么呢？因为法院经常认为，在对合同内容的把握上，保险公司相比投保人具有明显优势，应该提醒投保人格外注意保险合同中的免责条款或限制性条款等。此外，法院一般会要求保险公司对是否履行明确说明义务承担举证责任，在证据不充分的情况下，法院通常会做出有利于投保人或被保险人的解释。

在一个关于重疾险赔付争议的案例中，法院判决保险公司赔付了并不属于重病范围内的疾病，其判词如下:“重大疾病不是具体的病种，所以其不是医学上的专门术语，而是一个外延难以确定的不确定概念。就通常理解而言，应当指因病情严重导致花费巨大和因病情重大而对患者正常生活影响巨大。因此，通常理解的重大疾病是指对患者健康及生活构成重大影响的疾病。由于其内涵或外延不确定，仅以列举方式进行解释难以穷尽，通常应有兜底条款。本案中，保险条款释义只是列举了22种疾病为重大疾病，远小于常人所理解的重大疾病的范围，没有对不确定概念解释时通常应有的兜底条款。根据《中华人民共和国保险法》第三十一条规定，采用保险人提供的格式条款订立的保险合同，保险人与投保人、被告保险人或受益人对合同条款有争议的，应当按照通常理解予以解释，对合同条款有两种以上解释的，应当作出有利于被保险人和受益人的解释。因此，对重大疾病内涵与外延的理解应作有利于原告的解释。”

保险公司在遇到这类判决时往往叫屈，认为司法和消费者“不按合同规则办事”“不该赔的也让赔”。但是换个角度去考虑，司法机关的判决在整个社会代表着最中立、最客观的评价，如果经常在个案中败诉，保险行业是不是应该认真反思下，问题是不是出在自己身上？这个行业，是不是应该反思怎样可以做到更好？怎样重新获得消费者信任?

保险业自己定义“重疾”的三个特征是：一是“病情严

重”，二是“治疗花费巨大”，三是“不易治愈”。如果消费者真的得了25种规定重疾之外的罕见病症，病情严重、花费大、难治愈，那这个病在保险业到底算不算“重疾”呢？是不是应该有对其他重疾的兜底条款？现行的《重大疾病保险的疾病定义和使用规范》是12年前发布的，是不是应该根据医疗技术的进步去不断修订重疾赔付的技术标准，在赔付上更准确一些、更宽容一些？

当然也可以理解，保险公司对扩大理赔范围时承受的成本和风控压力有所顾忌，所以在理赔端把控从严。但从另一个角度想，保险公司在理赔时这么较真，差一点点都可以用“不符合合同约定”为由拒赔，那么在销售端为什么可以睁一只眼闭一只眼地放松甚至故意“放水”？常把问题归结于消费者“不认真看合同”，但保险合同写得如天书般复杂，连有些公司高管自己都看不明白。一个行业几百万人，真的没有人有能力把保单变得“通俗”“易懂”吗？又有多少销售人员销售时，能把“重疾赔付范围、赔付条件、免除责任”充分向客户解释清楚呢？

从整个行业来说，更大的问题，是重疾赔穿了，还是消费者不信任整个行业呢？重疾赔付过高可以再调整费率，“保险不保险”的信任度缺失又如何重建呢？

说到底，保险是服务行业，没有自身不改变、等着客户改变的道理。如果消费者对保险行业多一点信心，人人都愿意主动配置保险，那才是“朝阳行业”的到来吧。

保险“忽悠”？——骗人的不是保险，而是人

“忽悠”这个词，形容保险业还是好听的，更多人用的是“骗人”。粗放的行业经营，短视的激烈竞争，短期带来了不错的规模和增长，损失的却是大众对整个保险行业的信任。同业相轻，又无时无刻不在削弱着这种信任。

● 保险不骗人，骗人的是人

这个行业，确实有很多奇怪的现象。比如，明明是保险公司的员工，穿的却是银行柜台员工的衣服，工作也在银行大厅，开口闭口“理财”，能不提“保险”就绝口不提。很多老人拿着辛苦攒下的钱去银行存款，却拿回来一张保单，家人发现想去退保，却发现要损失很多钱。有些老人在家人的责难声中后悔不已，甚至抑郁成疾。

这并不是个案，因为身边不少朋友都反馈过有类似现象。按照现在的数据，全国有近800万人从事保险业。算上每年流失的几十万人，全国应该有几千万人卖过保险。这几千万人，很多都没有从保险行业获得荣誉感，对行业多持负面态度，他们又代表着、影响着多少个家庭?

信任度这个东西，一旦损毁，重建真是难上加难。

● 为什么保险需要靠推销甚至“忽悠”才能卖出去?

高高一直觉得，保险是刚需，但却是“潜在的刚需”。

为什么是潜在的呢？因为大部分人，都不觉得自己需要保险，都觉得生老病死离自己还远。而事实上，每个人身边都面临着各种风险，只不过平时人们往往是“风险厌恶型”，不愿意去想这些不好的事情。直到什么时候才会自然而然觉醒？很可能是身边的人、身边的事影响。像《流感下的北京中年》《我不是药神》等，就激发了很多人的保险意识：原来风险真的就在身边，保险看来还是很有必要的。但在保险意识没有自然激发的时候，保险的推销就往往令人生厌了。

另外，保险又是个很特别的产品，看不见、摸不着，一纸合同就承载了这么多钱，关键是只有等出事了，才能见到效果。改变人的观念，真的是一件很难的事情。这就不难理解，有一些保险营销员在业绩压力下，强行激发客户的保险意识，采取一些不那么令人舒服或者有点“忽悠”的词了。

● 我们需要怎么做才能不被“忽悠”?

刚才提到，保险不骗人，骗人的永远是人。所以，要想不被“忽悠”，一是要自己多做功课，可以多看一些保险科普文章，懂得基本的保险知识；二是要找到靠谱的保险营销人员，很多人可能没有足够的时间深入研究保险，那么找到靠谱的营销人员就显得非常重要了。

高高非常理解大家的这种心理。换作是我，面对一个复杂、虚拟的金融产品，还是更愿意相信身边的人。但问题是，保险营销员这么多，素质参差不齐，如何识别谁是最靠谱的那个人？有两点也许可以供参考：一是三观正；二是专业。

（1）三观正。

三观正具体体现在：能比较客观地介绍保险公司，能比较全面地将产品信息展示给消费者。没有哪款保险产品是绝对完美的，肯定都有相对的优势和劣势，需要综合考虑品牌、保障责任、价格、稳定性等。

（2）专业。

存款只需要知道收益率多少就够了，而保险是个很复杂的金融产品，远比银行存款复杂。所以专业型营销员，需要进行非常系统深入地学习，成为风险保障领域的专家，才能为客户提供足够专业的服务。

客观地评价，消费者接触的很多营销人员，在专业性方面比较“缺课”。一般新人入职保险公司，专业学习可能仅仅安排一两周，更多的都是在学习营销技巧，怎么向客户宣导产品，怎么做成金字塔上的顶级销售。对于保险专业知识的学习，只能是靠自己零星地积累。这一点，从市面上的保险书籍就可见一斑了。一眼望去全是“保险要这样卖”“保险销售话术大全”“先交朋友再卖保险”类书籍，却鲜见“保险专业基础知识”。

总之，消费者要做个懂行的消费者，保险营销人员也要做个专业的从业者。

保险很贵？——只是你没买对

保险很贵，其实是一种认识上的偏差。

● 保险真的很贵么？

为什么传统保险产品会给人很贵的印象？因为过去的很多保险产品，很多是以理财型产品出现的。很多人总觉得买保险，如果没有返钱，就等于亏了。所以保险公司也“投其所好”，每年初极力主推的“开门红”，基本全是听起来就紫气富贵的理财型保险：福、禄、寿……这些理财产品，最便宜的也是年交大几千、几万，而保障功能非常少。为什么主推这些？赚钱多啊。

其实，纯粹保障型的产品，价格要比想象的低得多。以最常见的儿童保险为例，很多人给宝宝买的第一份保险是教育金、终身寿险，一年怎么也得花上大几千甚至几万元的保费。教育金保什么？宝宝上学后，陆续返钱。终身寿险保什么？宝宝身故后，赔一笔钱。

真的当宝宝遇到重疾时，才发现花了这么多钱，保看病的钱却几乎没有。

而如果给孩子买保障型产品，一年需要花多少钱？高高给自己宝宝精挑细选的保险产品组合，18周岁前的年均保费是3548元，保额多少？终身重疾50万元，定期重疾50万元

(保到30周岁),白血病专项保险50万元(保到25周岁),意外险10万元,国内住院医疗300万元(1万元免赔),海外重症医疗保额600万元,全加上去,保额有1060万元(见表1-3)。这些费用如果不能治好,那只能说明医学技术上可能没有什么办法了,为人父母的责任我已经努力尽到了。如果你再控制一下预算,调整一下保障期限和保额,那么一年1000元,也足够给孩子配置基本够用的保障型保险了。

保险很贵吗?不贵,只是你没买对。

表1-3 高高宝宝综合保障方案

序号	保险产品	基本保额(万元)	保险期间	交费年限	年交保费(元)
1	终身重疾	50	终身	30年	1980
2	定期重疾	50	30年	20年	630
3	白血病专项保险	50	至25周岁	趸交	955
4	意外险	10	1年	1年	140
5	国内住院医疗	300	1年	1年	766
6	海外重症医疗	600	1年	1年	557
总计		1060	/	/	首年保费5028元;18周岁前年均保费3548元

• 保险适合有钱人买?

上面讨论了,保障型保险产品并不贵,是大众负担得起的。那么还有朋友会说,即便保险不贵,但我还有房贷、车贷等各类支出要负担,没有什么余钱买保险,还是等以后经济宽裕了,再考虑买保险吧。这种看法，对吗？

其实经济越不宽裕的家庭，才越需要保险。为什么呢？因为经济很紧张，没有足够承担风险的能力。万一家庭某个成员发生了严重的疾病，或是经济支柱发生意外，那么整个家庭经济的收支平衡就完全被破坏了。一场花费几十万元的大病，足够让一个小康之家瞬间陷入非常困难的境地。现实生活往往是：买保险不会倾家荡产，而很多人会因为没有保险倾家荡产。对于经济很宽裕的家庭而言，他们即便不买保险，平时的储蓄就足够应付常见的疾病意外，对保险的保障需求反而没有这么强，他们更多地把保险当成一种理财的方式。

所以，承担风险的能力越弱，越需要通过保险加强保障，用较小的资金，撬动较高的保障。

3. 保险的真实作用

保险的意义，只是今天作明天的准备；生时作死时的准备；作儿女的准备；儿女幼时作儿女长大时的准备；如此而已。今天预备明天，这是真稳健；生时预备死时，这是真旷达；父母预备儿女，这是真慈爱。能做到这三步的人，才能算作是现代人。

——胡适

保险的基础作用：保障

● 保险，让风险更分散

保险到底是什么?

保险是人类发明的一个极其聪明的经济工具，它可以非常有效地分散风险。人类作为一个个脆弱的个体，在自然界的灾祸面前是非常无力的。但人类的韧劲在于群体，一个人的风险，如果分摊到一个群体承担，那么就会大大提高承担风险的能力。

保险就是这样诞生的，它起源于海上保险。古希腊地中海贸易发达，但出海时面临巨大的海上风险，很可能一船货物就损失在风浪中。怎么办呢? 一些聪明的船主就把货物分摊在10艘船里，这样一般顶多损失十分之一二。后来凑10艘船也很麻烦，于是就不分装货物，而是按货物的十分之一价值收钱。如果船回来，那么这些钱就不返了；如果船没了，那么就赔整船货物的价值。这个故事是保险起源的简化版本。

你看，整船货物的价值就是保险的保额，收取的十分之一货物价值就是保费。每个人都用十分之一的价格，撬动了十倍的保障。这就是保险的基本原理，它可以从两个维度，帮助人们分散风险：

（1）空间上，把个体的风险损失分散到群体。

（2）时间上，将一时的风险损失分散到长期。

● 保险，让生活更安定

大家可能看到过保险的官方宣传广告：保险，让生活更美好。不过高高觉得这句话并没有揭示保险的独特作用。很多事物可以让生活更美好，但保险，却能让生活更安定。

民国时期有家中国天一保险公司，在报上刊登过这么一则广告："许多人不需要保险，不过衣食住行是人人需要的。人生所需要的除此之外比较重要的就是保障。衣食住行既一时得以解决，又怎样可保障它永久保持着这个解决呢？"

生活里很多坎是我们熬一熬就能扛过去的，比如今年单位效益不好，收入减少了，那省一省，日子总是能过的。真正过不了的坎是，生活不给你改正错误的机会，一场大病直接将整个家庭的经济打入谷底。而保险，是强制"存"了一笔钱，实际上是让家庭经济曲线更加平滑，让我们未雨绸缪，不至于在生活的痛击下毫无反抗之力。

这就是保险的真正作用：保险，让生活更安定。

保险的进阶作用：稳健理财

前面我们重点说了保险的保障作用，是不是理财型保险就一无是处了呢？其实不是的。任何一种理财方式，都有它独特的功能。但总的来说，风险和收益是伴生的，高收益和高风险一定是并存的。收益越高、风险越高，例如过去两年的P2P。你希望的是得到高收益，而别人盯着的可能是你的本金。那么，保险理财的特点是什么？

- 安全性高

保险公司的安全级别是很高的，消费者的保单受到《中华人民共和国保险法》（以下简称《保险法》）和“保险保障基金”保护，即便保险公司破产，消费者的保单利益也有基本保障。所以理财型保险的保底收益部分，安全级别可以媲美银行。

- 收益稳定

保险和股票等理财方式相比，总体收益较低，但从长期来看，收益其实比较稳定。股票等理财方式，收益的波动较大。即便收益稳定些的银行定期存款、基金等，多为一年或三五年的短期产品，收益率也受到利率的影响，与经济形势挂钩，未来收益如何，具有不确定性。

而年金保险多为长期产品，尤其是非分红型年金，保单利益都是确定的，可锁定未来收益，无论将来经济形势如何，这些写到合同里的利益都是有保障的，让资产可以持续保值增值。比如2019年上半年最好的年金保险，保底收益年复利将近4%，看似不高，但如果把时间线拉长到十年、二十年，特别是在经济下行的大环境下，就显得非常可观了。之前很火的余额宝，现在怎么样？收益一路降到2.3%左右，而且可能还会继续下降。

20世纪90年代银行存款利率10%以上，保险公司甚至卖过保底收益9%左右的产品。有些公司现在还承受着利差损，硬着头皮扛着这些高收益保单往前走。

前几个月，银保监会下发文件，将寿险业责任准备金评估利率上限从4.025%调低至3.5%，因为根据长期经济形势，监管部门觉得保险公司很难维持这么高收益的产品，利差损风险太大。所以现在买预定利率4.025%的产品，过几年、十几年看，也属于“买到就是赚到”。

保险的其他独特理财功能

（1）应对寿命的不确定性。

“钱花完了，人还活着”也是很痛苦的，对长寿人群来说，非常适合买纯养老年金，可产生与生命等长的现金流，活多久、领多久。

（2）应对婚姻的不确定性。

若交保费的钱为婚前财产，则保单利益也属于婚前财产，离婚不分。例如，结婚前通过趸交的方式购买年金保险，则婚后该保险给付的生存年金等都属于婚前财产，财富易隔离、不易混同。

（3）应对投保人发生意外。

很多年金保险有投保人意外豁免功能，如果投保人因意外事故（如车祸等）身故，可以豁免未交保费，但保障依然有效。例如，父母给孩子投保教育金，因为有投保人意外豁免功能，即便父母不幸意外身故，无法继续缴纳保费，但孩子的教育资金仍然有保障。

（4）财富规划与传承。

投保人可根据实际需求，设置好被保险人及受益人，提前做好财产分配。例如，儿女要接企业主老爸的班，老爸通常会把公司股权先转一部分到儿女名下，或者购买大额的年金保险和终身寿险，其中年金保险更多体现身前传承，终身寿险则更多体现身后传承。

（5）节税考虑。

对于高收入的家庭来说，每年要缴纳的各种税是一笔高昂的费用。

案例：

2008年，台塑集团创办人王永庆去世后，在台湾留下遗产逾600亿新台币。台湾税务部门核定其继承人须缴遗产税119亿新台币，个人所得税80亿新台币，创下台湾最高遗产税纪录。王家12名继承人各自以“质押股票”或“借款”等方式筹措缴税款项。而如果将遗产的持有转换成保单的持有，以保单受益人等方式继承这笔财产，就可以合理合法地避免缴纳巨额的遗产税。

目前中国内地还不用缴纳遗产税，但是随着金税三期、不动产统一登记、CRS的实施与落实，国家在不断收集财富信息和数据，为下一步税改铺路，房产税、遗产税也似乎正在路上。而《中华人民共和国个人所得税法》明确规定，保险赔款是免征个人所得税的。参考国际惯例，身故保险金亦可以免交遗产税。

因此，终身寿险、年金保险等可以实现最大化财富传承。

PART 2 基础篇

4. 意外险指南

人和树早晚都是同一命运，都要倒下去。只有一点不同，树担心的是外在的险厄，而人烦虑的是内心的风波。

——梁实秋

每个人来到世界都是意外，然而离开世界是个必然。在这个意外性盈溢的世界，每个人其实都是浮萍。意外和明天，谁也不知道哪个会先到。只不过有些人提前写了结局，有些人匆匆落笔。

唯一确定的是，你所过的今天，是每一个昨天离去的人期待的明天。

意外险是什么?

通俗理解，意外险就是保意外的。虽然我们期冀每天平平安安，但总免不了人生无常。小到猫抓狗咬，大到航空意外，在遭遇厄运时，意外险能提供必要的经济补偿，为我们的家庭编织一张缓冲的“经济网”。倒霉透顶时忽然还有一笔补偿金，也算是不幸中的一份慰藉。加之意外险十分低廉，称得上老少咸宜，因此是大部分人的第一张保单。意外险是最简单的一种保险，但对保险消费者而言，还是容易有一些误读，主要体现在:

- 将保险的“意外”等同于生活的“意外”

保险定义的“意外”和我们生活中理解的“意外”不太一致，前者要严苛很多，需同时具备四个要素：外来的、突发的、非本意的、非疾病的（见图2-1）。缺少任何一个要素均不构成意外伤害事故。比如，超速驾驶导致的意外事故就不赔，因其危险可预见，却故意采取了危险操作，不属于“非本意的”。简单理

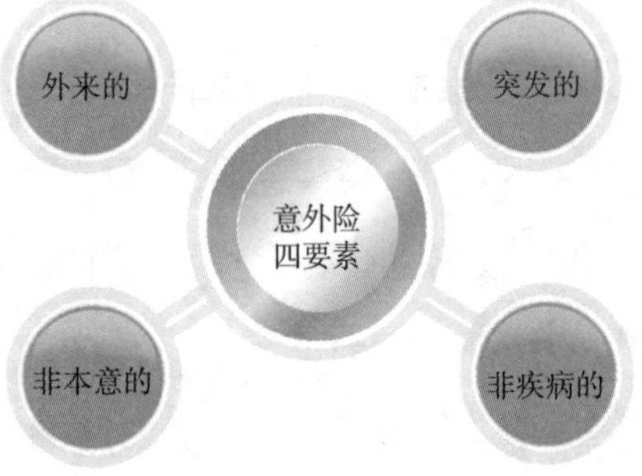

图 2-1 意外险四要素

解，如果是自己“作”出来的意外，很可能就无法赔付了。

- 将“意外伤害”和“意外医疗”混为一谈

意外险主要分为意外伤害险、意外医疗险（见图2-2）。

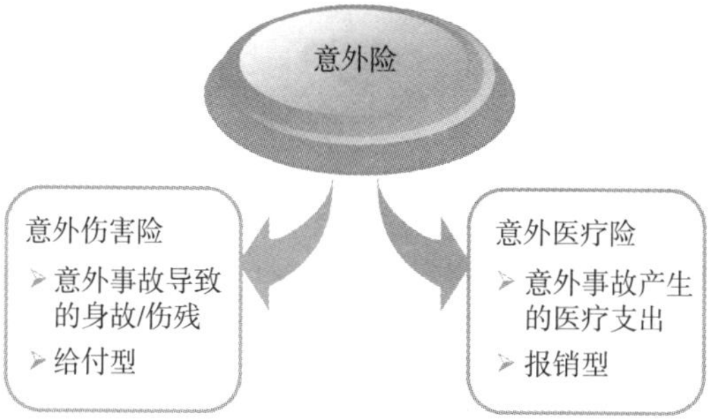

图 2-2 意外险分类

意外伤害保的是“大意外”，如果因意外事故造成残疾、身故，可以一次性拿到大额补偿金。意外医疗保的是“小意外”，如果因意外事故造成的伤害要去医院门诊、住院，可以报销相应的医疗费用。如果购买的只是意外伤害险，意外受伤住院的治疗费用是无法报销的。

为什么建议配置意外险?

- 意外无处不在

大家身边都有朋友不幸发生过意外，遗憾之余可能也会庆幸不是发生在自己身上。但谁知道下一次呢？未雨绸缪，既是对家庭的负责，又能增添安全感。

- 保费低

意外险算是最便宜的保障型险种，通常在几十元到几百元，普通大众均可入手。

- 杠杆高

一顿饭钱就能撬动上百万元的保障，特别体现保险杠杆作用。买了也算是“百万身价”人士了。

- 门槛低

相较于健康类保险，意外险投保门槛非常低，只对职业、年龄有所区分。

- 保残疾

意外险还可以保残疾责任，寿险产品往往只保障死亡和全残责任，很少保残疾。

意外险具体保什么?

- 意外身故

对意外导致的身故进行赔付。比如购买了保额100万元的意外伤害险，意外身故可获赔100万元，弥补家庭损失。需要特别说明的是，多数意外险产品保障的是意外事故发生后180天内身故，180天后身故不赔。

● 意外伤残

对意外导致的伤残给予赔偿。赔付金额与伤残等级挂钩（最轻10级，最重1级，赔付比例按10%递增）。比如购买了保额100万元意外伤残责任的意外险，若遭遇意外，导致9级伤残，则赔付100万元×20%=20万元。

关于是否包含意外伤残责任，具体又可分为3种：①只保死亡、不保伤残；②保死亡和全残；③保死亡和伤残。建议选择保死亡和伤残的产品，因伤残概率远大于全残，且严重残疾对家庭经济的影响甚至大于身故，价格只是略贵一些。

● 意外医疗

对意外伤害的医疗费用进行报销。比如购买了保额2万元，100元免赔，90%报销的保险产品，若遭遇意外产生住院医疗费用1万元，则赔付（10000元-100元）×90%=8910元。

关于报销限制，可分为两类：仅限社保目录、不受社保目录限制。不限社保目录价格要略高一些，但可以更加心安，理赔体验也更好。

意外医疗就医范围通常限制在国内二级及以上公立医院，注意有无除外医院（例如之前部分地区的医院就被很多保险公司排除在外，因可能涉及有组织的虚假理赔）。

- 意外住院津贴

因意外事故住院提供津贴。对意外住院津贴赔付的天数一般在180天以内，单次赔付一般不超过90天。部分意外险产品设置了住院免赔天数。

- 其他保障

部分意外险产品还包含一些特色服务，如报销救护车费用等。意外津贴和其他保障不算核心责任，锦上添花的性质更重一些。

选购意外险的注意事项

- 保额

意外通常分综合意外、交通意外等。考虑保额时，要以综合意外的保额为基准。因综合意外最为常见，理赔概率高。如综合意外50万元，航空意外1000万元，实际上最管用的是综合意外的50万元，而不要让1000万元花了眼。

成人的意外身故保额要尽可能高，因其经济责任重。一线城市通常要在100万元以上，也可结合房贷等情况，购买200万元甚至更高。一般单家公司意外险的保额不能超过年收入的10倍，若有必要可以多买几家公司产品。

儿童的意外身故保额不用太高。为了防范道德风险，国家规定0～9周岁儿童身故赔付不能超过20万元；10～17周岁不能超过50万元。不过意外伤残的赔付、航空意外身故、重大自然灾害事故不受此限制。

老人若没有太大的经济责任，意外身故保额也不用太高。与儿童类似，老人发生磕碰、摔倒等小意外的概率高，意外医疗保额要尽可能高，且报销范围最好不限社保目录。

● 价格、稳定性、保障性

同等条件下，价格便宜当然是好事。但选择意外险时，不能一味追求价格最低的，还要综合考虑产品稳定性、保额高低。有些产品保费很低，但保额不高，下架的可能性也很大，建议作为补充。

● 职业

保险公司将被保险人的职业危险程度划分为6个等级，从1~6类风险递增，其中1～3类职业属于低风险职业，大部分意外险都能承保。需要注意的是，如果被保险人的职业有变化，要在约定日期内告知保险公司，否则可能影响理赔。具体的职业分类各家公司略有不同，表2-1仅供参考。

表 2-1　职业分类表

风险级别	职业类别	具体行业或职业
低风险	1类	机关团体、事业单位的工作人员，企业经营管理人员，公司内勤，学生，家庭主妇等

续表

风险级别	职业类别	具体行业或职业
低风险	2类	从事餐饮、旅游、商业、医院等一般服务业，公司外勤，记者，律师，工程师等
	3类	农业、牧业、钢铁业、汽车制造业、造纸业、装潢业等
中风险	4类	内陆渔业、港口作业、钻井业、电气电子设备等
高风险	5类	从事造林业、木材加工业、陆上油矿开采业、铁路铺设、建筑业等危险程度较高的行业
	6类	采矿、采石、森林砍伐、勘探等高危职业

● 消费型和返本型

返本型意外险产品：价格很高，综合意外保额却不高，保费的大头其实是一种理财性质的保险，收益率非常低。以某产品为例，每年交3000元，交10年，保30年，综合意外保额10万元，交通意外200万元，满期110%返还。而同类消费型意外险每年保费可能只要200元。30年算下来，返本型意外险多交了24000元，最终返还了33000元，放在30年的时间里看，收益是非常低的（见表2-2）。

表 2-2　消费型和返本型意外险对比举例

产品类型		消费型	返还型
产品举例	保障内容	综合意外保额10万元，交通意外200万元	综合意外保额10万元，交通意外200万元
	保障期间	1年	30年
	缴费年限	1年	10年
	年交保费	200元	3000元

续表

产品类型		消费型	返还型
产品举例	30年总保费	6000元	30000元
	保费返还	0	33000元

因此，建议购买消费型意外险（即不返钱的产品），保障属性更强。

- 独立型和捆绑型、附加型

常见的意外险是独立型的，但也有例外。

捆绑型意外险产品：这类产品是在购买机票、车票、旅游产品等场景下捆绑销售的，一般保障期间短、保障不全面、产品性价比不高。

附加型意外险产品：这类产品是在投保重疾险等主险时附加的，一般保额偏低、保费偏高。

- 投保年龄

意外险的投保年龄一般放得较宽，主要对未成年人和老年人有限制。大部分产品的投保年龄上限为60周岁、65周岁，部分老年人特定意外险投保年龄上限为75周岁、80周岁等。

- 生效时间

一般是投保后次日凌晨生效。部分产品为7日后生效甚至更长。

意外险产品对比

高高选了不同价位、适合不同年龄段的一些代表性产品进行比较，并教大家如何看意外险的关键指标。为了避免广告嫌疑，本书中的具体产品名称均略去（见表2-3）。

表 2-3　四款意外险对比

产品名称		意外险A	意外险B	意外险C	意外险D
投保规则	被保险人年龄	6个月～65周岁	18～65周岁	18～65周岁	66～80周岁
	职业类型	1～3类	1～3类	1～2类	1～3类
	保障期间	1年	1年	1年	1年
身故/伤残保障	意外身故/伤残	10万元	100万元	100万元	20万元
	航空意外身故/伤残	30万元	100万元	200万元	70万元
	火车/轮船意外身故/伤残	20万元	100万元	150万元	40万元
	驾乘意外身故/伤残	20万元	100万元	120万元	20万元
医疗保障	意外医疗	2万元	5万元	5万元	2万元
	报销比例	0免赔，100%报销	0免赔，100%报销	0免赔，100%报销	0免赔，100%报销
	报销范围	社保内+社保外	社保内	社保内+社保外	社保内+社保外
	住院津贴	—	—	普通病房600元/天；重症病房1200元/天	—
其他保障		—	猝死50万元	猝死10万元；全球保障（除战乱国家）	救护车2000元
保费		140元	299元	1450元	300元

具体产品简要点评：

- 意外险A

优点：保费较低，意外医疗保额充足，且报销范围涵盖社保外。

不足：意外身故/伤残保额较低，没有住院津贴。

适用人群：老人、小孩等。

- 意外险B

优点：意外身故/伤残保额高达100万元，猝死保障50万元，保费较低。

不足：意外医疗报销范围只限社保内，没有住院津贴。

适用人群：追求性价比、负担较重的家庭经济支柱。

- 意外险C

优点：意外身故/伤残保额高达100万元，航空、火车等额外赔付；意外医疗保额高至5万元，且报销范围涵盖社保外，有高额住院津贴；保障全球。

不足：保费较高，仅限1～2类职业。

适用人群：经济情况较好的家庭经济支柱。

- 意外险D

优点：年龄较大的老人可以投保，意外医疗保额充足，且报销范围涵盖社保外，保费相对较低。

不足：没有住院津贴。

适用人群：年龄较大的老人。

上述产品性价比都不错，如果考虑其他产品，也可以自行与表中产品进行对比，看看是不是值得购买。

5. 医疗险指南

这个世界上只有一种病，穷病。

——《我不是药神》

只有当你重病住院时，才会大彻大悟：唯有健康和家人是一切，其他都是“浮云”。

而医院，真的是个“吃钱”的地方。

要多少钱，就得准备多少，根本没有讨价还价的余地。想活命，砸锅卖铁也未必够。

这时我们才会切身感受到保险的重要性。但遗憾的是，往往大家想要买保险的时候，却发现已经买不了了。

高高之前生病时，已经无法购买任何健康险了，所以第一时间给家人都买了百万医疗险，一年才几百元。想到老家一些亲戚经济条件一般，风险承受能力弱，“裸奔”太危险，也推荐他们买了百万医疗险。未想几个月后，一位老人就检查出癌症，最终报销了近二十万元——可能是很多农村老人一辈子积蓄也无法覆盖的费用。

为了家人，为了自己，请别太拼命，珍重身体、坚持锻炼，也请早做准备，趁着身体健康时及早投保，更好地用保险这个经济工具守护家人。

医疗险是什么?

通俗理解，医疗险就是报销医疗费用的，它是以保险合同约定的医疗行为发生为给付保险金条件，按约定对被保险人接受诊疗期间的医疗费用支出提供保障的健康保险。

为什么要配置医疗险?

- 医疗费用不断上涨

2010—2018年，我国卫生总费用和占GDP的比重逐年攀升（见图2-3），卫生总费用年均增长率为14.5%，明显高于同期GDP增速。

- 医疗费用自付压力大

社保是我们的国家福利，建议大家都要上社保，但光靠社保是不够的，不足以保障人们不断提高的医疗需求，居民个人卫生支出压力还不小（见图2-4）。原国家卫生部公布的《第五次国家卫生服务调查分析报告》显示，即便拥有基本医保，但大部分居民尤其是绝大多数中低收入人群，很难扛得起一场大病。根据国务院扶贫办建档立卡统计，因病致贫、因病返贫贫困户占建档立卡贫困户总数的42%，患大病的和患长期慢性病的贫困人口疾病负担很重。

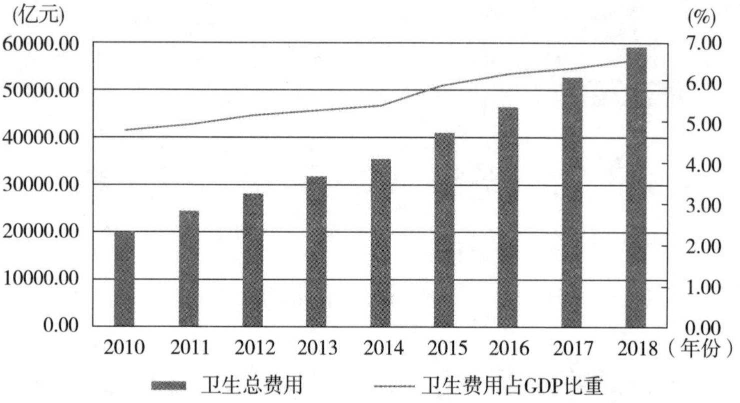

图 2–3　2010—2018 年中国卫生总费用及占 GDP 比重

资料来源:《中国卫生健康统计年鉴》(2019)。

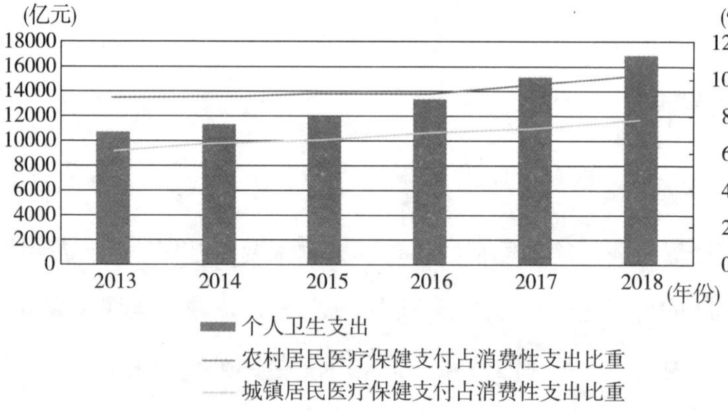

图 2–4　2013—2018 年中国个人卫生支出及医疗保健支出占比情况

资料来源:《中国卫生健康统计年鉴》(2019)。

保费低

医疗险大都是交一年保一年的产品，相比重疾险，保费通常可以低不少。以常见的百万医疗险为例，30岁男性，每年保费只要两三百元，即可报销自费1万元以上部分的住院医疗费用，上限为300万元，可有效解决大额医疗风险。

提供医疗服务

商业医疗险还可提供一些医疗服务，如重疾就医绿色通道、癌症诊疗意见、海外专家会诊等。选择高端医疗时，可赴私立医院、公立医院特需/国际部就医，网络内医院的医疗费用保险公司直付，无须个人垫付。

医疗险分类

医疗险一般分为普通医疗险、中端医疗险、高端医疗险三种（见表2-4）。

表2-4　医疗险分类

类型	普通医疗险	中端医疗险	高端医疗险
医院范围	二级及以上公立医院普通部	二级及以上公立医院普通部（部分可包含特需部、国际部）	公立医院（普通/特需/国际）+非昂贵/昂贵私立医院
保障区域	中国境内	中国境内	大中华、全球除美国、全球等
报销范围	通常仅限社保内	可拓展至自费药、进口药等	可拓展至自费药、进口药等

续表

类型	普通医疗险	中端医疗险	高端医疗险
保障责任	住院	住院、特殊门诊、门诊手术	住院、普通门急诊 可附加：牙科/眼科/生育/疫苗等
年度报销额	几千元～几万元	几十万元～几百万元	几百万元～几千万元
免赔额	0元～几百元	通常1万元	0免赔，或自选免赔额降保费
每年保费	200～1000元	200～3000元	5000～50000元

- 普通医疗险

低免赔、低保额、低价格，主要解决一些常见的小病住院医疗费用问题。

- 中端医疗险

低免赔、中等保额，或者高免赔、高保额，都是中等价格。例如百万医疗险，高保额，免赔额1万元，平时基本用不到，但万一用到能起大作用。

- 高端医疗险

低免赔、高保额、高价格、优质医疗服务。

高端医疗险通常有如下优势：一是医疗服务好，普通医疗险和中端医疗险通常只能在公立医院普通部就医，高端医疗险可以覆盖公立医院特需部、国际部、私立医院等，甚至可享受全球顶尖医疗机构高水平医疗服务；二是就医体验好，高端医疗险一般有直付、专属客户经理、医院代表陪同等服务，部分医疗产品还包括全球紧急救援、机票酒店等服务。对于儿童而言，高端医疗险通常需要和父母一起投保，只有少数产品可以单独投保。

除了以上三种分类，还有专项医疗险等特殊医疗险，例如针对癌症治疗的防癌医疗险，针对专项疾病的海外重症医疗保险等。不同医疗险保费差异较大，消费者可根据医疗需求、保费预算等综合考虑。

选购医疗险的注意事项

● 健康告知

医疗险的健康告知是比较严格的。投保医疗险时，都会询问被保险人过往的身体健康情况，如既往病史、有无住院经历、体检异常指标等。关于健康问题，如果只是小问题，有可能正常承保；大多数情况下医疗险是不保既往疾病的，如曾经胃溃疡，则投保医疗险很可能会不保胃溃疡及其并发症的治疗费用；对于比较严重的既往疾病，如恶性肿瘤、冠心病、肝硬化、糖尿病、高血压等，则很可能延期或拒保。医疗险比较少出现加费承保的情况。

● 保障内容

医院范围是公立还是私立？普通部还是特需国际部？产品有没有免赔额？普通门诊报不报？社保外费用报不报？报销比例是多少？报销限额是多少？这些都要在投保时了解清楚。

如果是高端医疗险，还需关注：网络内医院有哪些？哪些项目可以直付？哪些项目需要预授权？投保时就了解清楚这些，可有效提升后续使用体验。

- 社保/非社保身份

在投保普通/中端医疗险时，社保和非社保身份的保费很可能不同，有时社保身份投保甚至能便宜一半以上。这也从侧面督促大家一定要上社保。城镇职工社保、城乡居民社保、公费医疗、新农合、北京的“一老一小”等都属于“社保”。如果以社保身份投保，但是实际无社保，或者就医时未先按社保报销，那么在医疗险理赔时是要打折扣的，例如只报销60%。

- 等待期

医疗险的保障期通常为1年，首次投保时一般有30天等待期，续保后无等待期，在等待期内出险是不赔付的。对于高端医疗险，还会对具体责任进行单独的等待期设定，例如孕产责任通常有12个月等待期，牙科治疗通常有6个月等待期等。

- 除外责任

常见的医疗险除外责任包括投保人对被保险人的故意杀害、故意伤害，被保险人故意自伤、自杀、违法犯罪、酒驾、吸毒等。在疾病方面，除了既往疾病一般不保外，精神性疾病、遗传性疾病、美容整形等产生的医疗费用也通常是不保的。

在意外险、重疾险、医疗险、定期寿险等四大保障型保险中，医疗险的除外责任条款往往是最多最细的，细至具体的医疗项目（如视力矫正、点痣），使用的药材（如鹿茸、阿胶）等。而且不同类型医疗险的除外责任也有较大区别，为了避免“赔不了”的心理落差，大家在投保医疗险时，最好多花些时间好好看看除外条款。

并非说医疗险除外责任多，好像就什么都不保了。写得这么细，可以更好界定保障内容，避免滥用医疗资源。其实只要是保障范围内“合理且必须”的医疗费用，大都是可以报销的。

- 续保

现在的医疗险几乎没有保证终身续保的，都写“可以续保至99周岁”之类，但这个“可以”并不是“保证”。如果将来产品停售，是有可能无法续保的。所以很难靠一款产品保一辈子，并且未来如果有其他更好的医疗险，我们自己也有可能更换产品。

对于比较关注续保的消费者，可以多留意一下医疗险的续保条件，目前主要有如图2-5所示三种类型。

对消费者来说，图2-5所示三种类型的续保条件逐渐变好。一般来说，销量大的网红产品，统一停售的可能性是比较小的，更多的是产品升级换代。大家可以综合考虑保障内容、保费、续保条件等，选择符合自己需求的产品。

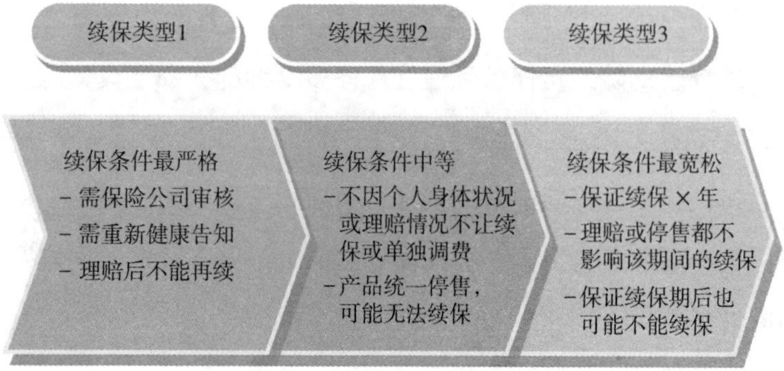

图 2-5　一般医疗险的三种续保类型

医疗险产品对比

各类医疗险产品有很多，高高分别筛选了一些代表性产品进行比较，并教大家如何看医疗险的关键指标（见表2-5）。

表 2-5　三款医疗险对比

产品类型	普通医疗险	中端医疗险	高端医疗险
产品名称	医疗险A	医疗险B	医疗险C
被保险人年龄	18～49周岁（可续保至65周岁）	30天～60周岁（可续保至80周岁）	31天～70周岁（可续保至99周岁）
保障期间	1年	1年	1年
保障区域	中国境内	中国境内	中国境内+港澳台
医院范围	二级及以上公立医院普通部	二级及以上公立医院普通部	公立（普通/特需/国际）+非昂贵私立医院
报销范围	社保内	社保内+社保外	社保内+社保外
报销额度	疾病2万元（意外1万元）	300万元（癌症600万元）	300万元
免赔额	100元（每次）	1万元（癌症0免赔）	0元

续表

产品类型		普通医疗险	中端医疗险	高端医疗险
住院	保障内容	治疗费、检查费、床位费、膳食费等	治疗费、检查费、床位费、膳食费等	治疗费、检查费、床位费、膳食费等
	报销比例	社保先报，则免赔额以上100%报销；如未使用社保，则80%报销	社保先报，则免赔额以上100%报销；如未使用社保，则60%报销	100%
门诊	一般门诊	/	/	全额理赔（部分单项限额）
	其他门诊	意外伤害门诊	住院前后门急诊；门诊手术、特殊门诊	全额理赔
体检、疫苗、牙科、生育等		/	/	可附加
其他保障		意外身故/伤残10万元，意外住院津贴100元/天	医疗垫付、就医绿色通道、法律援助、质子重离子	网络内医院直付及绿色通道、客户经理+住院代表服务、紧急医疗运送
保费（有社保）		18～49周岁：249元	0～4周岁：766元 5～10周岁：346元 11～13周岁：146元 14～15周岁：156元 16～20周岁：186元 21～25周岁：246元 26～30周岁：306元 31～35周岁：396元 36～40周岁：496元 41～45周岁：596元 46～50周岁：906元 51～55周岁：1106元 56～60周岁：1466元	0～7周岁：19621元 8～17周岁：14663元 18～24周岁：13698元 25～29周岁：15980元 30～34周岁：18453元 35～39周岁：21638元 40～44周岁：22873元 45～49周岁：27289元 50～54周岁：34712元 55～59周岁：47276元 60～64周岁：61890元
续保条件		续保需经过保险公司审核同意，产品停售将不能续保	保险公司不会因为某一被保险人的健康状况变化或历史理赔情况而单独调整保费，产品统一停售将不能续保	续保需经过保险公司审核同意

具体产品简要点评：

- 医疗险 A

优点：保费低，免赔额低，附加了意外险。

不足：保额低，只能报销社保内费用。

适用人群：预算非常有限，作为基础意外+医疗保障。

- 医疗险 B

优点：保额高，可报社保外医疗费用，保费较低。

不足：免赔额高，小额住院报不了。

适用人群：追求性价比，希望用较低的保费转移大额医疗风险的人，适合大多数中低收入人群。

- 医疗险 C

优点：保额高，免赔额低，可报销社保外费用，可赴公立医院特需/国际部及非昂贵私立医院就医，就医服务好，保障区域更广，保障内容更全面，含一般门诊，可附加体检、牙科等。

不足：保费很高。

适用人群：对就医条件要求较高的高收入人群。

大家在选择医疗险时，也可以参考高高列表的方式，将备选产品的相关参数列出来对比，根据自己的倾向进行排序选择。

6. 重疾险指南

You need insurance not only because you are going to die，but because you are going to live.

我们买保险，不仅因为我们会离去，更因为我们想要好好活着。

——Dr. Marius Barnard

（重疾险创始人）

即便是医学进步的今天，人们仍是“谈癌色变”。大家还是难以理性对待重疾，通常有两方面误解：

其一，大家觉得，自己身体健康，不可能得重疾。其实重疾的发病率真的很高，特别是从人的一生来看，如果活得够长，基本都会得上某类重疾，只是时间早和晚的问题。现在重疾更有年轻化的趋势，只是平时大家都不愿去想，不自主地选择了回避。

其二，大家觉得，万一得了重疾，生活就完了。其实重疾的治愈率也是蛮高的，随着医学越来越发达，以前的绝症也逐渐变成了可控制的。

医学上有个概念，“5年生存率”。癌症患者如果5年后还生存着，那医学上认为他的生存概率与常人没有太大差别。但在这5年里，工作强度肯定不能太大，最好能歇下来，同时还要保证长期康复、护理，可能至少要1个家人放弃工作长期陪伴。

关键是：这要命的5年，能歇下来吗?

在肿瘤医院手术时，听医生们说起我特别喜欢的一个“中国好声音”女歌手，当时她的乳腺癌手术很成功，医生们认为复发率不到5%，但就是在术后的几年内，忙于选秀比赛、演唱会，连复检的时间也无法保证，最终复发，一切无可挽回。

高高是2018年初做的甲状腺切除，现在也处在这个5年期，其实特别能理解。

说实话，真的歇不下来。

30岁在大城市奋斗的年轻人，经济压力、发展压力之下，原本全力拼搏都不够，怎么敢完全歇下来?

只能庆幸自己得的病不那么严重。“甲状腺癌”在业内有时甚至被称为“喜癌”，因为恶性程度不像其他癌症这么高，治愈率高、费用低，但又能得到同样的赔付额度。这种病最近甚至快被“踢出”重疾范围了。

哎，可惜高高之前保险意识不强，什么都没买。

大家可不要学我。

重疾险是家庭保费的大头，通常占到60%~80%。但重疾险又极为复杂，下面将通过回答常见的六个问题，来把重疾险说清楚。

重疾险是什么?

● 重疾险是怎么来的?

保险已经有几百年历史了，而重大疾病保险（Critical Illness Insurance）产生于1983年，距今不过短短的36年，却已经成为极其重要的一个险种。究其原因，正是因为重疾险满足了现代人的需求。

也许你想不到，重疾险的创始人不是保险人，而是一位南非的医生（见图2-6），马里优斯·巴纳德博士（Dr. Marius Barnard）。他是一位伟大的心脏外科医生，曾协助其哥哥完成了世界上第一例心脏移植手术。

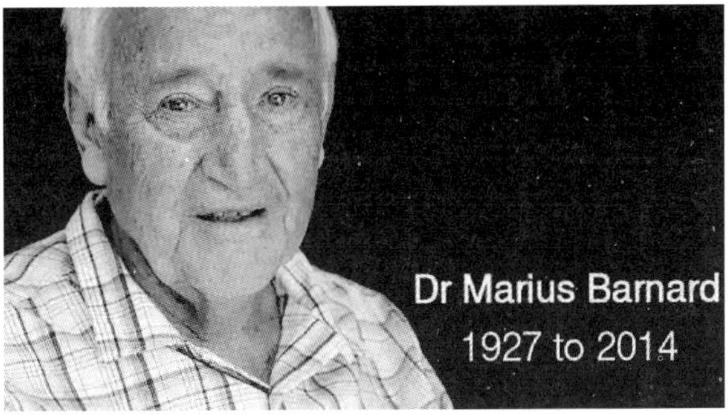

图 2-6　马里优斯·巴纳德博士

关于重疾险，大概没有比巴纳德博士在2006年的忆述更能阐明其初衷和作用了，部分摘录如下：

我来自南非，我是一名心脏外科医生，我从事医生这个职业已经超过50年了；我还曾担任过南非国会众议院议员长达9年时间；后来，我从1983年起开始从事重大疾病保险业务，到现在也已经有22年了。谈谈我当初设计重大疾病保险的初衷吧。

我的一个病人：她是一位34岁的女士，这位女士有自己的事业，离过婚，还带着两个孩子。我们在她的肺部发现了癌细胞。通过手术，我们切除了癌细胞肿块，接下来两年，这位女士回去依旧工作，在此期间，她的癌细胞向另一片肺叶转移。

两年后，她再一次来到我的诊所，从她的眼神中，我再一次感受到了死亡的讯息。她呼吸急迫，脸色苍白毫无血色，眼神中布满了对死亡的恐惧。

她还在工作，她需要为孩子们留下积蓄，为他们赚足汽油费，房租还有教育基金。两个月后，她去世了。为什么？为了照顾她的孩子们，为了给他们更多的保障。

我们失去了她，她本可以在确诊后和孩子们分享更多的时间，可是她却需要挣更多的钱。

这些使我陷入了沉思，我还能举出上百个这样的例子，他们确诊之后获得了治疗，活了下来，可是他们在财务上却“死”了。作为医生我可以救治病人，甚至可以延长和挽救病患的生命，可我却不能解决病患因为缺钱而放弃治疗。

我得出了这样的结论，大家都需要保险，不光因为人人都会死，还因为我们都要好好地活着。因此，我当时就产生了设计一种保险产品的想法，它能够解决病人在被确诊重大疾病的时候能够获得一笔保险金来作为治病的费用，而不是到身故以后才获得赔偿，那样对于病人治病无济于事。

重疾险能够让我的病人们舒适地度过生命中最糟糕的时光，我很欣慰越来越多的病人说："谢天谢地，谢谢我的顾问，至少在我的身体健康恶化的时候，我的财务还是健康的。"这对于我而言着实是个荣耀，因为我也参与了其中，这个发明太了不起了。

● 重疾险是用来支付医疗费用的吗?

从上述介绍可以看出，重疾险的本质不是医疗险，而是收入损失补偿保险。它保障的不止医疗费用。

主要补偿的范围为：

① 医疗费用：患病期间需要付出巨额费用，特别是进口药等医保无法报销的费用。

② 康复费用：患病后需要长期康复护理。

③ 收入损失：长期不能工作，没有收入。

● 重疾险和医疗险有什么区别?

（1）重疾险是给付型，达到约定条件即可赔付保险金，可以自由支配。

购买重疾险后，当被保险人确诊患有合同规定的疾病并达到相应程度，或实施了合同规定的手术，保险公司会立即支付一笔重疾保险金，例如保额50万元，则赔付50万元。患病早期即可得到治疗费用，救命于水火。赔付金额与治疗费用无关，而是买的保额越高，则赔得越多。这笔保险金是可以自由支配的，既可以用于后续治疗，也可以用于家庭其他用途。

（2）医疗险是报销型，费用自行垫付、术后报销，仅限于医疗费用。

医疗险则是实报实销，只能报销医疗费用，且往往有支付比例的限制。不管买了多少家公司的医疗险，总的报销费用不能超过实际治疗费用。而且很关键的是，通常你必须自己先垫钱，最后才能报销，而很多家庭根本就掏不起前期治疗费用。

（3）医疗险具有不可续保性、费率不确定性。

医疗险通常只能交一年保一年，无法保证续保，当下一年产品停售或者你的身体不好时，可能就无法继续购买，或者贵得买不起了。长期重疾险则是第一次核保通过就可以持续缴费，持续拥有保障，更适合保底。

为什么我们要买重疾险?

- 我们患重疾的风险有多高?

保险业常常流传一句话："人一生患重疾的概率是72.18%"。这个数据未必准确，但却并非耸人听闻，它反映了一个基本事实，那就是：我们中的很多人，最后都会得重大疾病。如果没有得病，那很可能是因为意外或者其他原因，还没来得及得重病就先离开了。

图2-7与图2-8是不同年龄人群发生25种重大疾病的概率。可以看出，50岁前，发生重疾的概率比较低，超过50岁尤其是超过60岁之后，重疾发病率急剧上升，且男性发病率高于女性。

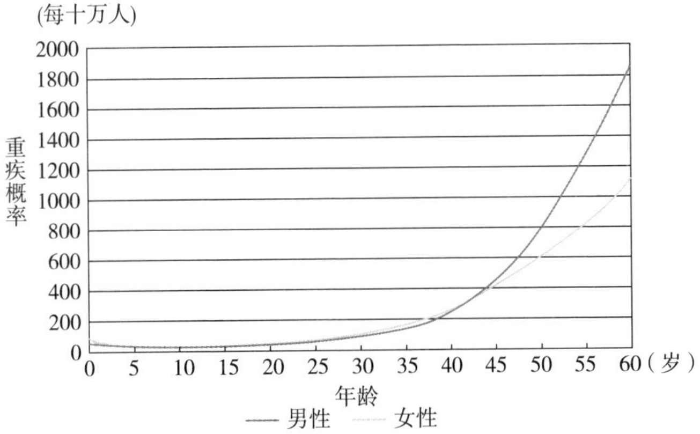

图 2-7　我国 0 ~ 60 岁人群重疾发生率

资料来源:《中国人身保险业重大疾病经验发生率表（2006—2010年）》。

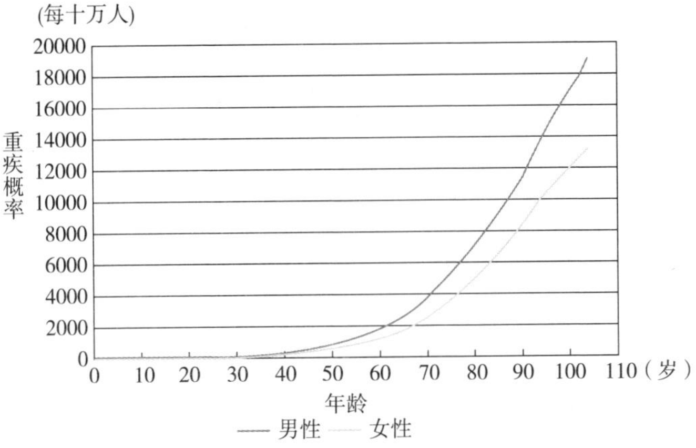

图 2-8　我国 0 ~ 100 岁人群重疾发生率

资料来源:《中国人身保险业重大疾病经验发生率表（2006—2010）》。

可以看出，年纪越大，发生重疾概率越高，严格意义上的“寿终正寝”其实是极少的。这样我们也可以理解，为什么终身重疾这么贵？因为它几乎100%是要赔给你的。

● 治疗重疾需要花多少钱？

重疾的概率只是个数字，如果真的落到一个家庭，对这个家庭而言就是100%的不幸。重疾治疗花费高昂，几十万元的治疗费用（见表2-6）加上因病造成患者及家人的收入损失，对于任何一个普通家庭都是难以承受的负担。很多家庭连治疗这一关都挨不过去，更别提长期的康复护理费用。

表 2-6 常见 25 种重疾治疗费用参考

序号	重疾种类	治疗康复费用（万元）	备注
1	恶性肿瘤	12～50	CT、伽马刀、核磁共振等治疗项目为社保不报销或部分报销项目，同时80%以上进口特效药不在社保医疗报销范围内
2	急性心肌梗塞	10～30	需要长期的药物治疗和康复治疗
3	脑中风后遗症	10～40	需长期护理和药物治疗
4	重大器官移植术或造血干细胞移植术	20～50	心脏移植、肺脏移植不属于社保报销项目，器官移植后均需终身服用抗排斥药物
5	冠状动脉搭桥术（冠状动脉旁路移植术）	10～30	冠状动脉造影属于社保部分费用报销项目，搭桥每条桥4万元，需长期药物治疗和康复治疗
6	终末期肾病	10/年	换肾或长期依赖透析疗法，透析费用属于社保部分报销项目

续表

序号	重疾种类	治疗康复费用（万元）	备注
7	多个肢体缺失	10～40	假肢3～5年需更换一次，并需要长期康复治疗
8	急性或亚急性重症肝炎	4～5/年	该病并发症多，并且需要长期药物治疗
9	良性脑肿瘤	5～25	需要长期药物和护理治疗
10	慢性肝功能衰竭失代偿期	3～7/年	需要长期药物和护理治疗
11	脑炎后遗症或脑膜炎后遗症	3～5/年	需要长期药物和护理治疗
12	深度昏迷	8～12/年	需要长期药物和护理治疗
13	双耳失聪	20～40	安装电子耳蜗15万～30万元，还需1.5万元/年维护费
14	双目失明	8～20	移植角膜费用2万～4万元左右
15	瘫痪	5～8/年	长期护理及药物、康复治疗
16	心脏瓣膜手术	10～25	需终身抗凝药治疗
17	严重阿尔茨海默病	5～8/年	需终身护理及药物治疗
18	严重脑损伤	4～10/年	需终身护理及药物治疗
19	严重帕金森病	5～10/年	终身护理及药物治疗，进口特效药不是社保报销药品
20	严重Ⅲ度烧伤	8～20	需多次手术整形
21	严重原发性肺动脉高压	10～20/年	心肺移植及终身药物治疗
22	严重运动神经元病	6～15/年	长期护理及药物治疗
23	语言能力丧失	8～15	依据病因治疗费不同
24	重型再生障碍性贫血	15～40	骨髓移植及长期药物治疗
25	主动脉手术	8～20	

从现实来看，目前大部分家庭配置的重疾险保额还存在较大缺口。依据2019年上半年各保险公司理赔报告，重疾险件均赔付额普遍在7万～10万元左右，连医疗费用都远远不够，更起不到收入损失补偿的作用了。

我们常常在朋友圈看到各类重症的轻松筹，同情之余也应该有所警觉。几十万元的治疗费确实多数人都出不起，但每年几百元、几千元的保费对于很多家庭而言并非承担不起，只是缺乏意识。保险是让人在现代社会保持自我尊严的最好手段。及早准备，不必等到不幸时再去求助他人。

因为，人的身体真的很脆弱，家庭也很脆弱。

买了重疾险，重病都能保?

● 重疾险保哪些重病?

所谓“重疾”，是个相对的概念。以前治不了的重疾，也许随着医学发展不再是重疾；消费者认为花了很多钱、保险公司应该赔的病，也许并不是保险公司认可的重疾。

为了避免理赔纠纷，消费者应该对保险定义的“重疾”有所认知，而从业人员也应该避免为了推销重疾险而夸大“买了重疾，重病都保”。在重疾险刚引入我国时，各家公司对于重疾并没有统一的定义，普通消费者对病症细节又不太清楚，在2006年前后引发了“重疾险保死不保生”的质疑，进而引起重疾险群诉、集体退保事件。

为了加强重疾险的规范，中国保险行业协会联合中国医师协会在2007年颁布了《重大疾病保险的疾病定义和使用规范》，对常见高发的25种重疾进行了统一的定义，其中又有6种重疾属于必保。所有保险公司在设计重疾险产品时，都必须遵照这一规范（见表2-7）。

表 2-7　国内重疾险产品保障疾病范围

重疾分类	具体疾病
必选重疾（6种）	恶性肿瘤、急性心肌梗塞、脑中风后遗症、重大器官移植术或造血干细胞移植术、冠状动脉搭桥术、终末期肾病
可选重疾（19种）	多个肢体缺失、急性或亚急性重症肝炎、良性脑肿瘤、慢性肝功能衰竭失代偿期、脑炎后遗症或脑膜炎后遗症、深度昏迷、双耳失聪、双目失明、瘫痪、心脏瓣膜手术、严重阿尔茨海默病、严重脑损伤、严重帕金森病、严重Ⅲ度烧伤、严重原发性肺动脉高压、严重运动神经元病、语言能力丧失、重型再生障碍性贫血、主动脉手术
其他重疾	由保险公司自行添加

- 重疾险的疾病种类是不是越多越好？

目前市面上出的重疾险产品除了行业规范的25种重疾之外，各家公司增加了不少，有的增加到40种、80种、110种等。整体费率一般是保障种类多的更贵一些。

那是不是选择重疾种类越多的越好呢？

其实也不一定，行业规定的这25种重大疾病在理赔中基本占到95%以上，尤其是其中前6种高发疾病，在理赔中可以占到90%以上。其余的重疾发病率非常低，所以保障100种重疾的产品未必比保障80种的有显著的优势。如果费率差很多，也没必要太追求疾病种类数量。

对于儿童来说有些特别，因为儿童重疾发病率较高①的有6种：恶性肿瘤（含恶性淋巴瘤、恶性脑肿瘤、白血病等）、严重脑损伤、重型再生障碍性贫血、重症肌无力、严重川崎病、1型糖尿病。后3种并不在行业规范的25种重疾范围内，所以在给儿童配置重疾险时，要重点关注是否包含后3种。

● 重疾险确诊即可赔付吗?

有些人对重疾的描述是“确诊即可赔付”，其实是不太准确的。并不是所有的重疾确诊就可以赔，很多重疾需要达到一定严重程度或者实施了相关手术才会赔付。有些营销人员为了促成保单，有意无意地忽略了这一点，很容易造成理赔纠纷。消费者一般不会了解这么细，只是单纯地觉得患了重疾就能赔，找上门去却被告知“你病得还不够重”，不能赔。大家怎么可能不生气呢?

严格对照这25种规定重疾，可以分为图2-9所示三类。

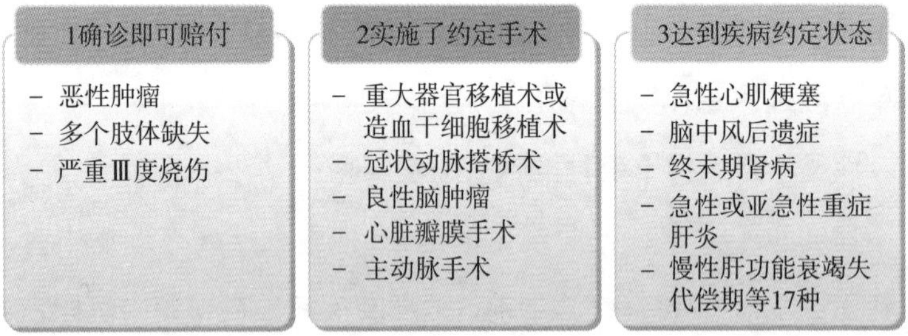

图 2-9　重疾险赔付条件分类

① 说明：关于儿童高发重疾，目前无统一行业标准，根据医学、保险资料综合分析得出。

作为普通消费者，并不必要去详细了解哪一项该赔不该赔，但需要降低对重疾险的预期，重疾险并不“万能”。

消费型重疾or返还型重疾？

● 怎么区分？

重疾险划分并无统一标准，纷繁复杂。但万变不离其宗，高高从最基本的保障责任去划分。市面上的重疾产品通常涉及3类责任：

（1）重疾责任：得了重疾需要赔付，这是所有重疾险产品都有的责任。

（2）身故责任：未得重疾直接身故，也能得到赔付。区别在于是赔保额、赔已交保费还是赔现金价值。

（3）生存责任：生存至一定年龄或者合同期满，能返还保险金（特别指出：监管规定重疾险本身只能保障疾病或身故，并不具备生存返还功能，重疾险产品的生存责任本质是通过重疾保险+两全保险组合而来）。

按照包含上述3类责任的情况，我们大致可以把重疾险分为两大类：消费型重疾险、返还型重疾险（见表2-8）。

表2-8　消费型与返还型重疾险保障责任对比

分类	重疾责任	身故责任	生存责任
消费型重疾险	有	无	无
		有，但只赔付现金价值或已交保费	

续表

分类	重疾责任	身故责任	生存责任
返还型重疾险	有	有，赔付保额	无
			有

如果再考虑保障期间（定期、终身），可以将市面上常见的重疾险分为四类（见表2-9）。

表 2-9 重疾险产品分类参考

保障内容 / 保障期间	重疾+无/少量身故责任	重疾+身故赔付保额/生存返还
定期	消费型定期重疾	返还型定期重疾
终身	消费型终身重疾	返还型终身重疾

特别说明：因为各家公司产品太多，分类边界没办法特别精准。以上只是高高根据保障责任和保障期间大致做的分类，极少数产品有例外，因此上表只是作为理解产品的参考，而非绝对定义。

● 产品特性

（1）消费型定期重疾。

保障责任：只保障一定期间（如20年、30年）的重疾责任，通常也有少量身故保障。

特点：纯保障型保险，保费最低。

（2）消费型终身重疾。

保障责任：保障终身的重疾责任（部分产品也可选择保障定期），一般没有或者只有很少的身故保障。

特点：纯保障型保险，因为保障至终身，保费比消费型定期更高。

（3）返还型定期重疾。

保障责任：重疾+身故+满期生存返还为主。如果在保险期间未得重疾且未身故，则可获得一笔满期保险金，保险金额有些是“保费”，有些是“保额”（差别很大哦）。

特点：由于满期肯定能赔付或返本，带有储蓄性质，因此保费比消费型定期重疾高很多。

（4）返还型终身重疾。

主要有两种类型：

一是重疾+身故赔付保额。该类产品“返还”的性质没有那么强；二是重疾+身故赔付保额+生存返还。同样，生存返还也是通过组合两全保险的方式实现，返还金额大多为“保费”，例如在66/77/88周岁时把已交保费返还给你，通常这笔保险金称为“祝寿金”“满期金”等。

由于保障期间为终身，而人是终究要身故的，因此返还型终身重疾肯定能赔付保额，带有储蓄性质。如果附加了生存保障，则还可能得到两笔保险金，当然此时的保费也通常最高。

● 保费对比

以五款典型产品为例，四类重疾险保障内容及保费如表2-10

所示。

表 2-10　五款重疾险保障内容及保费对比

产品类型		消费型定期	消费型终身	返还型定期	返还型终身	
产品名称		重疾险A	重疾险B	重疾险C	重疾险D	重疾险E
投保规则	被保险人年龄	28天～40周岁	28天～50周岁	30天～60周岁	28天～60周岁	28天～55周岁
	保障期间	30年	至70/80周岁/终身	至66/77/88周岁	终身	终身
	等待期	90天	180天	90天	90天	90天
重疾保障	赔付金额	50万元	50万元	50万元	50万元	18周岁前100万元；18～59周岁50万元；60周岁及以后60万元
	重疾种类	100种	80种	88种（分四组）	77种	82种
	赔付次数	1次	1次	3次（间隔365天）	1次	1次
轻症保障	赔付金额	10万元	15万元	10万元	10万元	第一次12.5万元；第二次15万元；第三次17.5万元
	轻症种类	50种	50种（不分组）	33种（分四组）	33种（不分组）	42种（不分组）
	赔付次数	1次	3次（无间隔）	3次（间隔365天）	5次（无间隔）	3次（无间隔）
	赔付方式	额外赔付	额外赔付	额外赔付	额外赔付	额外赔付
身故保障	18周岁前	赔已交保费	/	赔已交保费	赔1.5倍已交保费	赔2倍已交保费
	18周岁后	赔已交保费	/	50万元	50万元	50万元
豁免保障	轻症豁免	有	有	有	有	有
	投保人豁免	/	/	可附加	可附加	可附加
生存返还		/	/	满期返50万元	/	88周岁返已交保费

续表

产品类型		消费型定期	消费型终身	返还型定期	返还型终身	
保费	保额	50万元	50万元	50万元	50万元	50万元
	缴费方式	交20年，保30年	交20年，保终身	交20年，保至77周岁，满期不赔返50万元	交20年，保终身	交20年，保终身
	30岁（男）	3050元	7565元	12170元	11610元	12940元
	30岁（女）	2690元	6430元	11320元	9965元	11570元

从表2-10可得出几个数据：

（1）消费型定期VS消费型终身：保费与“定期”时间长短关系较大，定期保费大约为终身的一半。

（2）返还型定期VS返还型终身：保费差异不明显。

（3）消费型终身VS返还型终身：后者保费大约为前者的1.5~2倍。

总的来说，四类重疾险的保费构成可参考图2-10。

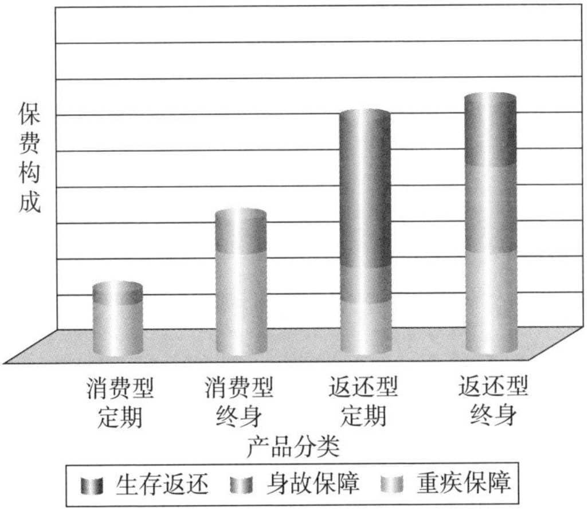

图 2-10　四类重疾险的保费构成

怎么选择?

以上是从偏保障的角度去理解，如果换一个角度，从偏投资的角度去区分消费型、返还型重疾险产品，大致可以这么理解:

消费型重疾险的保费基本都用来覆盖重疾保障责任了。

返还型重疾险的保费分为两部分，一部分覆盖重疾保障责任，另一部分被保险公司用来投资，投资增值的一部分会在未来返给你。而保险公司投资增值的特点是：收益率不高，安全性较高。

所以，如果要选择产品，可以综合保障责任角度、保费角度、投资角度去做抉择:

(1)保障责任角度。

如果只是想覆盖重疾风险，可以选择只包括重疾责任的重疾险；如果追求更大的心理安定感，可以考虑带身故责任甚至两全责任（即身故+生存责任）的重疾险产品。

(2)保费角度。

如果预算特别有限，可以只选重疾责任，保障期间为定期（如20年或30年），这样可以尽可能做高保额，比如刚参加工作的人士。如果预算一般，可以选“终身重疾+定期重疾”的产品组合，这样可以尽可能做高保额，保费又不至于太高，比如上有老下有小的普通工薪阶层。如果预算很高，则选择的范围就很多了。

(3)投资角度。

如果自身理财能力较强，则返还型重疾险的低收益率就显得不划算了；如果自身没有理财规划性，则返还型重疾险可以起到强制储蓄的作用；如果资产较多，愿意做多元化的理财考虑，则返还型重疾险也不失为一种选择。

综上，尽量还是以保额为优先考虑点，最好保额能覆盖现有风险，保费不够可以选择定期、消费型重疾险。毕竟，我们买保险，是为了风险管理，保额低就没有太大意义了。

如何确定重疾险保额?

作为保险消费者，面对营销人员屡次强调重疾保额时，可能经常会想：保险公司是不是想忽悠我多买保险呢？我真需要这么高保额吗？重疾险的保费，又为什么这么贵?

● 购置重疾险的原则：保额优先

（1）为什么要保额优先？

买保险买的就是保额，对于重疾险更是如此。重大疾病对于每个家庭都是难以承受的负担，很容易“因病致贫”。

保险的本质就是补充风险带来的损失，所以重大疾病带来的经济损失越大，就需要越高的保额去覆盖损失。太低的保额，仅仅是杯水车薪，意义不大。平时买保险，一年掏出一两万元，可能很多人都会心疼，但是真到重病住院时，掏几十万元也没法心疼。医院并不是个可以讨价还价的地方。所以比起预算、保险期限等因素，保额优先是个没有办法的选择。

（2）保额要怎么确定?

通常而言，城市居民重疾险保额一般建议达到50万元以上。关于保额，行业有很多种计算方式，比如年收入的2～3倍，又或是总保费占家庭收入5%～15%，重疾险保费又占约70%，等等，但都比较粗略，如果需要细究，可以参照以下方法（未考虑通胀因素）:

保额=损失缺口=风险损失（治疗费用+康复费用+收入损失）-已有保障（社保+单位补充医疗+商业医疗险）

① 计算风险损失。

治疗费用：参考当前几年25种常见重疾的医疗费用情况（见表2-6），重疾治疗费用预估为30万元。

康复费用：护工费、营养费，预估为10万元。这还不包括家人放下工作来照料的损失。

收入损失：鉴于重疾后工作时间、能力下降，预估五年内收入减半，所以收入损失预估为年收入的2.5倍。

② 计算已有保障。

社保：我们多数人有社保，可以报销一部分重疾治疗费用，但社保有起付线、报销比例及报销上限。可供参考的是，轻松筹平台的重疾众筹金额，通常都在20万元以上，所以自付金额预估为20万元，社保报销预估为10万元。

单位补充医疗：福利好的企业（如很多体制内的单位），会为职工购买补充医疗，能再将医疗费用的自付部分报销一部分

（通常也只能报销社保内费用）。但多数人，还是没办法享受这部分保障。

商业医疗险：如果购买了商业医疗险，特别是100%报销、免赔额低、不限社保用药的医疗险，基本可以覆盖第一年的全部医疗费用。但医疗险是一年一保，且不保证续保。虽然有时保险公司宣称不会因既往理赔而拒绝续保，但从现实操作看，第二年还是比较难再享受到相关疾病的医疗险保障了。

③ 举例计算保额。

张三，30岁男性，年收入20万元，有社保，无补充医疗，未购买过商业医疗险，那么：

张三的重疾风险损失缺口=风险损失（治疗费30万元+康复费10万元+收入损失20万元×2.5即50万元）-已有保障（社保报销10万元）=80万元（见图2-11）。

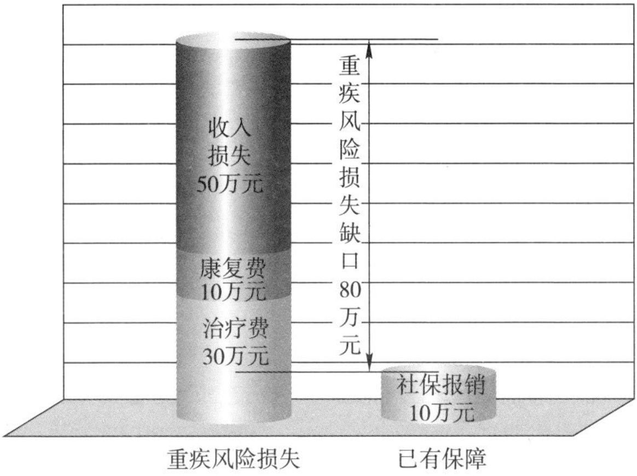

图 2-11　张三的重疾风险损失缺口

意味着，张三这五年的重疾险保额至少应该达到80万元，才能覆盖可能的重疾风险。但一个家庭能出多少钱？如果张三在北京买了房，每月工资基本在还房贷，可能每年最多只能拿出5000元到1万元购买重疾。那又如何平衡80万元保额跟低保费预算之间的缺口呢？

别急，下面高高将提供一些有效的建议。

有限的预算，该如何更好配置重疾险?

高高给大家提了四个建议，并提供不同预算下的方案参考。

● 四个建议

建议一：搭配投保商业医疗险。

通过保额计算公式可以看出，如果购买商业医疗险，就可以覆盖一部分医疗费用，从而降低保额需求。以常见的百万医疗险为例，保额为100万元、300万元甚至600万元，可以报销1万元以上的住院医疗费用，每年的保费通常仅为几百元。治疗费用30万元如果能通过商业医疗险分担一部分，那重疾险的保额需求就可以相应减少了。

建议二：选择消费型重疾险。

与返还型终身重疾险相比，消费型终身重疾每年保费可以减少三分之一甚至一半。表2-11是30岁男性、50万元保额时，不同类型重疾险产品每年需要交的保费，可以看出，价格差异很大。

表 2-11　不同类型重疾险保费对比（30 岁男性，50 万元保额）

产品类型	保障期间	每年保费（元）	缴费期限（年）
一年期重疾	1年	800～1200	1
定期重疾	20年、30年、保至70周岁等	2000～5000	20
消费型终身重疾	终身	7000～8000	20
返还型终身重疾	终身	11000～15000	20

建议三：选择保障定期。

例如选择保20年、保至70周岁等。同样是消费型重疾险，保定期的保费约为保终身的一半（具体与定期保障时间有关）。需要特别提醒的是，一年期重疾险虽然保费最便宜，但是不能保证续保，建议只作为短期保额的补充。

建议四：选择最长的缴费期限，将缴费压力分散并后移。

与买房贷款类似，同样的保额，缴费期越长，每年交的保费越少（但总保费越高）。前期用更少的保费撬动一定的保额，杠杆更高，后期经济情况好转，且随着通货膨胀，缴费压力一般会降低。

- 不同预算时的参考方案

高高给自己家人做的保障方案，采取了“消费型＋返还型”“定期＋终身”的组合方式。一方面可以尽可能把保额做高，另一方面费用也可以降低一些。这里，我们以30岁男性、保额

80万元进行测算，提出以下5个保费方案，供大家参考。

预算3000元

此时很难配置80万元的重疾险，可以考虑通过医疗险减少重疾保额需求（见表2-12）。如果还是希望做到80万元重疾保额，也可以投保一份一年期重疾（如40万元保额，保费约700～1000元），待来年经济情况好转后再加保。

表2-12　预算3000元的重疾保障参考方案（30岁男性）

产品名称	产品类型	基本保额（万元）	保险期间（年）	缴费年限（年）	年交保费（元）
重疾险A	消费型定期重疾	40	30	20	2440
医疗险A	百万医疗	300	1	1	306
首年合计保费：2746元					

预算6000元

可选择消费型定期重疾，缴费年限尽量选择30年（见表2-13）。

表2-13　预算6000元的重疾保障参考方案（30岁男性）

产品名称	产品类型	基本保额（万元）	保险期间	缴费年限（年）	年交保费（元）
重疾险B	消费型定期重疾	40	保至70周岁	30	3076
重疾险C	消费型定期重疾	40	保至70周岁	30	2920
首年合计保费：5996元					

预算9000元

可采用消费型终身+消费型定期重疾组合投保（见表2-14）。

表2-14 预算9000元的重疾保障参考方案（30岁男性）

产品名称	产品类型	基本保额（万元）	保险期间	缴费年限（年）	年交保费（元）
重疾险D	消费型终身重疾	50	保终身	30	6220
重疾险E	消费型定期重疾	30	保至70周岁	30	2316
首年合计保费：8536元					

预算13000元

此时组合方式较多，全选消费型终身重疾，或者返还型终身+消费型定期，返还型终身+消费型终身都可以（见表2-15）。

表2-15 预算13000元的重疾保障参考方案（30岁男性）

产品名称	产品类型	基本保额（万元）	保险期间	缴费年限（年）	年交保费（元）
重疾险F	返还型终身重疾	50	保终身	30	11050
重疾险G	消费型定期重疾	30	保至70周岁	30	2190
首年合计保费：13240元					

预算20000元

预算达到20000元时，可以全部选择返还型终身重疾，也可以考虑通过返还型与消费型的组合做高保额，总保额达到150万元以上完全没有问题（见表2-16）。

表 2-16 预算 20000 元的重疾保障参考方案（30 岁男性）

产品名称	产品类型	基本保额（万元）	保险期间	缴费年限（年）	年交保费（元）
重疾险H	返还型终身重疾	80	保终身	20	20136
首年合计保费：20136元					

关于重疾险，内容有点复杂，但因为重疾险通常是花费最高的保障型险种，高高总想尽可能把相关知识点都说到，让大家不花冤枉钱。在选择重疾险时，要不要附加轻症，买重疾单次赔付还是多次赔付，以及要不要附加癌症二次赔付等，还有很多细节，大家若想了解具体内容，可以关注高高的微信公众号“高高回家啦”查看相关文章，这里就不展开了。

7. 定期寿险指南

我多么希望，有一个门口
早晨，阳光照在草上
我们站着
扶着自己的门扇
门很低，但太阳是明亮的
草在结它的种子
风在摇它的叶子
我们站着，不说话

就十分美好

有门，不用开开

是我们的，就十分美好

——顾城《门前》

有一款保险产品，性价比很高，很多消费者都没有听说过，但懂行的人都会买。

这就是定期寿险（Term Life Insurance）。

高高有一位精算师好友，给自己同时买了几个不同地区的定期寿险，最后每年只花2万元左右，就配置了2000万元的保额。

什么概念呢？在60岁前如果因为意外、疾病等原因身故，会立即得到2000万元的赔付，家人后顾无忧，无比安心。很多人选择定寿的朴素逻辑是：有些人没了，就白没了，但买了定寿，万一有点啥情况，总算还留下点东西给孩子，好歹不算白没了。

高高也特别心动，只可惜身体原因自己买不了，F先生则对定期寿险特别偏爱，这几年基本是每年加买一份的节奏，现在总保额450万元，总保费一年7000多元。

高高始终觉得，定期寿险是最能体现家庭责任感的保险产品。因为它不是保自己的疾病，而是保自己应该承担的家庭经济责任。

它唯一的作用，就是在你万一忽然离去时，替你继续守护家人，让孩子可以继续幸福成长，让爱人不用独自苦苦承担高额负债，让父母辛苦一辈子后不致老无所养。

定期寿险是什么?

定期寿险是指在保险合同约定的期间内，如果被保险人死亡/全残，则保险公司按照约定的保险金额给付保险金；若保险期限届满被保险人健在，则保险合同自然终止，保险公司不再承担保险责任，并且不退回保险费。

简单理解，定期寿险的要素有二：一是寿险，保障身故，如果人离世了，赔付一笔钱；二是定期，只保障一定期限（例如从30岁保到60岁），过了这个期限就不保了，到期也不返钱。

在普通型寿险中，死亡保险可分为：一年期寿险、定期寿险、终身寿险。一年期寿险保费非常便宜，但不保证续保，适合作为临时过渡或补充；终身寿险保障期间为终身，因人固有一死，所以投保终身寿险是一定能获得赔付的，不会“亏本”，但保费较高；定期寿险介于两者之间，保费相对便宜，不用担心续保问题，主要保障25～60岁这个经济责任最重的阶段。

为什么要买定期寿险?

• 作为家庭经济支柱，我们承担不起离去的风险

有宝宝以后，完全不敢去想象万一自己离去，无人照顾孩子的情况。但作为一个理性的80后，我们应该客观接受这种可能性的存在，尽早做好准备。30岁的我们，躲过了很多风险成长到现在，上有老下有小。那在接下来的30年里，忽然离去的概率有多高呢？男性约为十分之一，女性约为二十分之一（见表2-17与表2-18）。

表 2-17　中国男性死亡概率

年龄（岁）	10年内去世的可能性（%）	20年内去世的可能性（%）	30年内去世的可能性（%）	60岁前去世的可能性（%）
0	0.40	0.81	1.44	11.49
10	0.43	1.07	2.24	11.16
20	0.69	1.87	4.66	10.82
30	1.26	4.07	10.27	10.27
40	3.00	9.27	23.80	9.27
50	6.86	21.77	55.00	6.86
60	16.78	52.13	89.70	/

资料来源：根据《中国人身保险业经验生命表（2010—2013）》非养老类业务一表计算得出。

表 2-18　中国女性死亡概率

年龄（岁）	10年内去世的可能性（%）	20年内去世的可能性（%）	30年内去世的可能性（%）	60岁前去世的可能性（%）
0	0.27	0.49	0.79	5.45
10	0.24	0.54	1.02	5.20

续表

年龄（岁）	10年内去世的可能性（%）	20年内去世的可能性（%）	30年内去世的可能性（%）	60岁前去世的可能性（%）
20	0.33	0.82	2.04	5.00
30	0.53	1.76	4.72	4.72
40	1.31	4.29	12.81	4.29
50	3.20	11.82	37.61	3.20
60	9.30	35.83	79.23	/

资料来源：根据《中国人身保险业经验生命表（2010—2013）》非养老类业务一表计算得出。

十分之一什么概念?《湄公河行动》里出现了一个最危险的游戏，俄罗斯轮盘赌（Russian Roulette），只留一颗子弹在左轮手枪里，轮流对着自己的脑袋扣动扳机。而左轮手枪最多可以到10发。命运和我们每一个人在玩这个游戏，而我们却一无所知。

但如果一个人走了，这个家就倒了，定寿为此而生。如果投保了定期寿险，保额是年收入的10倍，则可以保障自己作为经济支柱的这些年，万一不幸身故了，家庭经济还有10年的缓冲时间，或许这就是家庭经济继续平稳走下去的救命稻草。

● 便宜、便宜、便宜，重要的话说三遍

买保险终归是为了以最小的支出换取最大的保障，杠杆率要尽量高。定寿的最大优点，就是便宜。

以30岁男性为例，投保终身寿险时，100万元保额，20年缴费，每年保费大约需要16000元。而如果选择定期寿险，保至

60岁，每年保费只需要2000元左右，只是终身寿险的八分之一（见图2-12）。

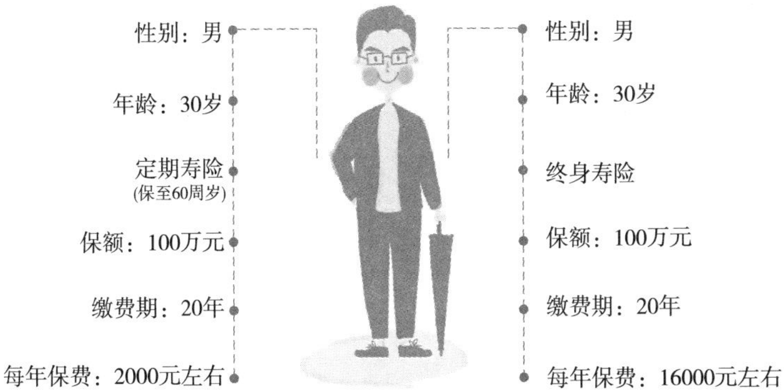

图 2-12　定期寿险与终身寿险保费对比（30 岁男性）

- 定期寿险有独特作用

买了意外、重疾等，还需要定寿吗？——需要！

（1）定期寿险与意外险。

意外险更便宜，但只保意外身故，如果因为疾病身故，是不赔付的。定寿则一般包含除外条款（如故意犯罪、两年内自杀等）之外的所有身故原因（见图2-13）。

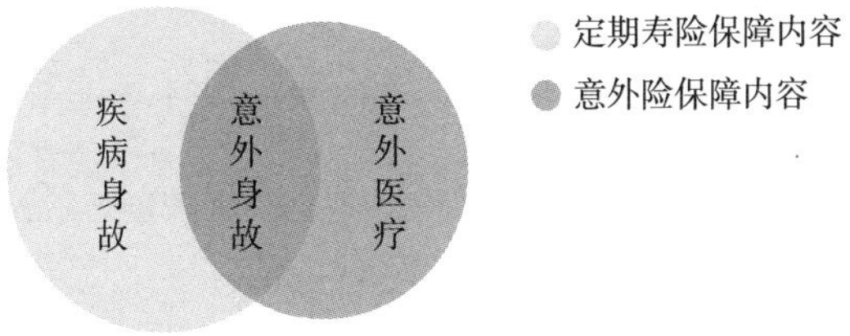

图 2-13　定期寿险与意外险保障内容对比

（2）定期寿险与重疾险。

虽然部分重疾险也能保身故，但重疾险主要还是覆盖重疾的医疗费用和收入损失，并且同样年龄重疾发病率比死亡概率更高，因此重疾险保费高不少。例如，30岁男性、100万元保额，含身故责任到60岁，20年交费，重疾险每年保费大概需要5500元，而同样保额的定寿只需要2000元左右。此外，大家投保重疾险的保额通常较低，不能完全转移家庭经济支柱的身故风险，需要定寿进行补充。

选购定期寿险的注意事项

- 健康告知

投保定期寿险，也需要如实告知身体健康情况，如既往病史、有无住院经历、体检异常指标等。不同情况人群的身故风险不同，保险公司将根据具体健康情况，给出标准体承保、除外责任承保、加费承保、延期、拒保等核保结果。

与重疾险、医疗险相比，定期寿险的健康告知是比较宽松的。例如乙肝病毒携带/小三阳、甲状腺/乳腺结节等，投保重疾险、医疗险时很可能除外或者加费承保，投保定期寿险时却可能标准体承保。

目前的定期寿险以线上产品为主，投保时一定要自己仔细核对健康告知，不可一眼扫过就直接填“否”然后进入下一步。有不确定的，可以咨询客服。很多产品都能智能核保/人工预核保，反馈健康问题后，会直接给出核保结论。并且不同的定寿产品，健康告知项目或许有较大区别，这款产品投不了，其他产品或许还可以，多比较，别怕麻烦。

如果是线下产品，如实填写反馈健康告知内容，有不确定的，与保险代理人/经纪人详细沟通，确认是否属于告知范围。

● 保额

定期寿险保额要尽量高，最好能达到被保险人年收入的10倍以上。如果家庭负债较多，例如房贷高，建议保额能达到房贷总额。预算有限时，在“保额高一些”还是“保障期间长一些”之间，高高建议选择前者。目前市场上的定期寿险免体检保额比较高的能达到350万元，如果还不够，有两个选择，一是组合投保其他产品，二是参加保险公司体检。

● 保障期间

定期寿险主要保障经济责任关键期，例如保至60周岁退休，如果需要也可选择保至65周岁、70周岁等。当预算很有限时，保额优先，保障期间选择10年、20年也是可以的，等以后经济条件好了再进行补充。

● 是否吸烟

部分定期寿险产品会区分吸烟费率及非吸烟费率，且吸烟费率往往要高不少。关于是否吸烟，也需要如实回答。当然，如果投保时不吸烟，但是之后开始吸烟了，一般也不会变成吸烟费率。因为保费通常都是按投保前的身体情况计算的。如果你是吸烟人群，一般来说，选择不区分是否吸烟的定寿产品是比较划算的，相当于占了非吸烟人群的“便宜”。如果你是非吸烟人群，则选择的空间更大，可以多进行产品比较。

- 等待期

通常为合同生效后90天或180天内，等待期内身故/全残，保险公司不会赔付保额，通常是无息退还保险费，且保险合同终止。因意外伤害导致的身故/全残，则一般不受等待期限制。

- 责任免除

与医疗险、重疾险相比，定期寿险的免责条款要少不少。常见的包括以下7条：

（1）投保人对被保险人的故意杀害、故意伤害。

（2）被保险人故意自伤、故意犯罪。

（3）被保险人2年内自杀（无民事行为能力人除外）。

（4）被保险人主动吸食或注射毒品。

（5）被保险人酒后驾驶、无有效驾驶证驾驶。

（6）战争、军事冲突、暴乱、恐怖活动或武装叛乱。

（7）核爆炸、核辐射或核污染。

部分定寿免责条款只有前三条，即只保留了《保险法》中规定的3条，对消费者是更有利的。

定期寿险产品对比

定寿的保障责任相对简单，一般都是身故+全残，所以基本上可以用“保费”这个指标去大概衡量一款定寿产品好不好。然后再结合健康告知是否宽松、职业是否宽松、免责条款是不是比较少、保障期及缴费期是否灵活多样，等等，就有更全面的判断了。高高筛选了目前市场上一些代表产品（见表2-19），可以供大家在选择产品时做个参考基准。

表 2-19　三款定期寿险对比

产品名称		定寿A	定寿B	定寿C
投保规则	投保年龄	20～50周岁	18～60周岁	18～55周岁
	保险期间	20/30年、至60/70周岁	10/20/30年、至60/65/70周岁	20/30年、至60/66/70/77/80/88周岁
	最长缴费期	至70周岁	30年	20年
	最高免体检保额	150万元	300万元	150万元
	职业限定	1～6类	1～6类	无职业限制
	健康告知	5条、严格	4条、宽松	4条、最宽松
	是否吸烟	区分	不区分	不区分
	等待期	180天	90天	180天
保障责任	身故/全残保障	100万元	100万元	100万元
	免责条款	7条	3条	3条
备注		询问BMI、年收入	/	/

续表

产品名称		定寿A	定寿B	定寿C
保费	保额	100万元	100万元	100万元
	缴费方式	交20年，保至60周岁	交20年，保至60周岁	交20年，保至60周岁
	30岁（男）	1670元（非吸烟）/2400元（小于10支）/2580元（10～20支）	1960元	2900元
	30岁（女）	900元（非吸烟）/1310元（小于10支）/1390元（10～20支）	1060元	1600元

具体产品简要点评：

- 定寿A

优点：智能定价，大城市高收入非吸烟人群保费很低。

不足：健康告知严格。

适用人群：身体健康的大城市高收入非吸烟人群。

- 定寿B

优点：保费很低，健康告知宽松，免体检保额上限高，免责条款少。

不足：非吸烟人群不能享受费率优惠。

适用人群：追求极致性价比的大众。

- 定寿C

优点：健康告知很宽松，无职业限制，免责条款少，保障期间选择更多。

不足：保费较高。

适用人群：身体有些小问题、高风险职业人群。

8. 终身寿险指南

从今往后，咱们只有死别，不再生离。

——钱钟书

我们常说生命无价，但从经济角度，一个人对家庭的价值，其实是可以量化的。

假设一个人一辈子平均下来，每年收入25万元，工作40年，那么他为家庭带来的财富就是1000万元。

但这个1000万元是确定可以获得的吗?

并不是。

意外、重疾等带来的身故，会随时打断这个进程。

终身寿险提供了一种“人的身价”的解决方案。

一方面，终身寿险是百分之百赔付的，任何时候因为任何原因身故，均可得到一笔保险金，即便人不在了，家庭责任依然还在履行着。

另一方面，也可通过终身寿险将财富定向传承给家人，确保这一辈子的心血不致旁落。

每一分投到终身寿险的钱，其实都是将自己人生的辛劳为父母、爱人和孩子而默默积聚，全心全意地付出。

谁让这辈子，我们几个聚到了一起呢?

终身寿险是什么?

• 终身寿险的保障内容

终身寿险有两个要素，“终身”及“寿险”。“终身”是保障期间，保一辈子，与定期寿险相对应（只保障一定的时间，例如保至60周岁）。“寿险”是产品种类，保障任何原因（疾病、意外、自然死亡等）导致的身故。所以终身寿险可以理解为终身提供身故保障的保险（很多终身寿险也保障全残）。

• 终身寿险的分类

为便于理解，高高分两类介绍：保障类和储蓄类（见图2-14）。

保障类终身寿险保额固定，也称为高杠杆终身寿险。

储蓄类终身寿险保额是不断增长的，也称增额终身寿险，还可通过减少保额的方式提取保单现金价值，用来教育、养老都可以，在资金的使用方面更为灵活。

那这两种怎么选呢？同样的保费，投保上述两种终身寿险时，保障类终身寿险保额更高（固定）；储蓄类前期保额低、杠杆低，后期保额不断增长，最终可能超过保障类（见图2-14）。

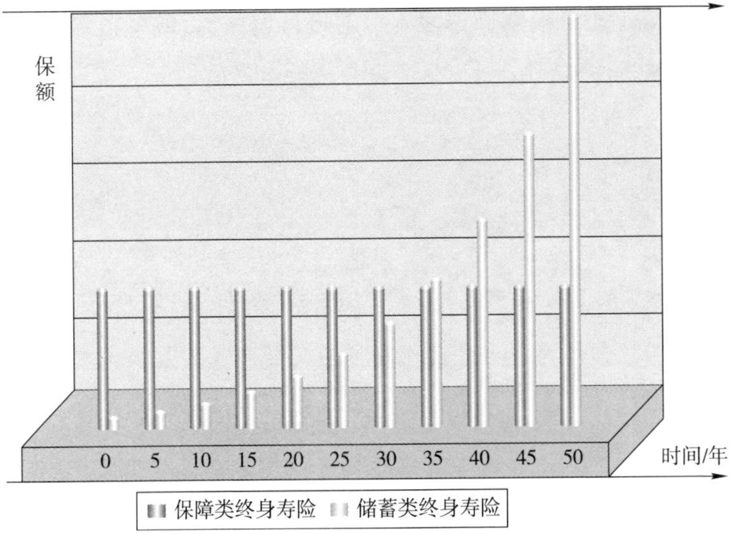

图 2-14　保障类和储蓄类终身寿险对比

本书中讨论的终身寿险是保障类终身寿险。

终身寿险的功能

- 身价保障，为家庭经济提供保护伞

终身寿险和定期寿险的基础功能相同，都是保障家庭经济支柱。一旦他们因意外、疾病等原因身故，家人可获得一笔保险金，帮助家庭经济平稳过渡、家人生活后顾无忧。

- 财富传承，提前做好财产规划

人固有一死，所以终身寿险是肯定能赔的。这笔确定的财富可以指定给某个或某几个受益人，受益顺序、受益比例等都可以提前安排（还可根据被保险人意愿进行调整），最终将财富进行定向、高效传承。

案例：

2017年6月，某74岁男性客户，投保了某终身寿险，保额700万元，趸交保费521.7万元。2018年5月，该客户不慎摔倒，撞到头部导致颅内出血，经医院抢救无效身故。2018年8月，保险公司赔付身故保险金700万元。这是一个用保险进行财富传承的典型案例。上述终身寿险产品的投保年龄是0～75周岁，客户在投保前已经开始安排百年之后的事，有500万元左右的现金要留给孩子们，所以赶在投保门槛上投保，合理安排受益人，顺利将财富进行高效传承。

- 避税考虑

对于高收入的家庭来说，每年要缴纳的各种税是一笔高昂的费用，如个人所得税或可能的遗产税、房产税等。终身寿险在很多法律环境下可以起到避税作用，其理赔金可以进行最大化的财富传承。

什么人适合买终身寿险?

在前文定期寿险中也提到，同样是30岁男性，100万元保额，20年交费，买定期寿险（保至60周岁），每年保费2000元左右，买终身寿险则每年16000元左右，是定期寿险的8倍。

可见，与高杠杆、高保障的定期寿险相比，终身寿险的保费很高。对一般家庭而言，给家庭经济支柱买定期寿险是比较合适的。而终身寿险主要适合以下人群：

- 高收入人群

如企业高管、金融高管等，收入高，对家庭经济贡献大，一旦身故对家庭经济影响也大，必须有寿险保障。因收入高，有能力支付终身寿险的保费，从而获得更长时间的身价保障。

- 有资产传承需求的高净值人群

如企业主等，这部分人群已经积攒了一些财富，想通过保险理赔金的形式将资产定向传承给子孙后代，妥善安排好自己身故后家人的生活。终身寿险是实现资产保值增值、财富传承最大化的一种绝佳方式。

终身寿险产品对比

高高筛选了四款性价比较高的终身寿险，以30岁男性、100万元保额进行保费测算，对比结果如表2-20所示。

表 2–20　四款终身寿险对比

产品名称		终身寿险A	终身寿险B	终身寿险C	终身寿险D
投保规则	等待期	90天	180天	90天	90天
	被保险人年龄	18～75周岁	30天～55周岁	18～65周岁	30天～75周岁
	免体检保额	200万元	18～40岁：100万元 41～50岁：50万元 51～55岁：30万元 56岁及以上：体检	Ⅰ类：18～45岁：800万元 46～50岁：500万元 51～55岁：300万元 Ⅱ类：18～45岁：500万元 46～50岁：300万元 51～55岁：100万元 Ⅲ类：18～45岁：300万元 46～50岁：150万元 51～55岁：50万元 Ⅳ类：18～40岁：100万元 41～45岁：70万元 46～50岁：50万元 51～55岁：30万元 56岁及以上：体检	18～40岁：800万元 41～55岁：600万元 56岁及以上：体检
	缴费年限	趸交/5/10/20/30年	10/20年	趸交/3/5/10/15/20年交	趸交/3/5/10/15/20年交
	投保方式	线上+线下	线上+线下	线下	线下
保障内容	保障责任	身故/全残	身故/全残	身故/全残	身故
	免责条款	5条	6条	7条	7条
	附加服务	最多9个指定受益人	/	/	总保费达到200万元，可对接养老社区
保费测算（30岁男性）	保额	100万元	100万元	100万元	100万元
	年缴费	13900元	14700元	15800元	17400元（折算）
	缴费年限	20年	20年	20年	20年
	总保费	278000元	294000元	316000元	348000元
备注				Ⅰ～Ⅳ类：为客户类别	成人最低投保额200万元

终身寿险的保障内容相对简单，即身故/全残，因此可以用保费高低进行大致评价，但是除了价格，还需考虑可投保的额度、公司的品牌等因素。总的来说：

（1）如果非常追求性价比，保额要求不高，可以考虑终身寿险A、B。

（2）如果追求更高的投保额/免体检保额、公司品牌，则可以考虑终身寿险C、D。

（3）对于需要养老社区等更多附加服务的高净值客户来说，终身寿险D一方面提供了高额的身价保障，当总保费达到200万元时，即可拥有养老社区保证入住资格，锁定未来稀缺的高端养老资源。终身寿险D虽然在表中保费最高，但与市场其他同类产品相比，也已是比较便宜的了，如果有养老需求，那么这类产品也是很好的选择。

选购终身寿险的注意事项

- 健康告知

买保险都需要如实告知身体健康情况，终身寿险也不例外，如既往病史、有无住院经历、体检异常指标等都会在健康告知中问到。不同人群的身故风险是不一样的，保险公司将根据被保险人健康情况，给出不同的核保结果。不过，与重疾险和医疗险相比，寿险的健康告知及核保都是比较宽松的。

- 保额

首先考虑收入情况及保费支付能力，普遍认为保额为年收入的5～10倍。如有传承的需求，可根据资产情况和传承需求，确定一个尽量高的保额，挑选高投保额产品，或进行产品的组合。总体来看，终身寿险以线下产品为主，线上虽有少量产品，保费可能较低，但可投保额度也较低。

- 免体检保额

在购买终身寿险这类保额需求可能较高的产品时，往往需要考虑是否需要体检、保额为多少时可不用体检等问题，这就涉及免体检保额的概念。在上面高高筛选的4款产品中，终身寿险C、D的免体检保额最高可达800万元，属于同类产品中较高的。

- 保障责任

一般终身寿险的保障责任为身故/全残，少数产品不含全残，但也不算大的硬伤。

- 等待期

通常为合同生效后90天或180天内。等待期内身故/全残，保险公司不会赔付保额，而通常是无息退还保险费，且合同终止。因意外伤害导致的身故/全残，则一般不受等待期限制。对消费者来说，等待期当然越短越好。

● 责任免除

与定期寿险类似，终身寿险的免责条款也通常包括以下7条：

（1）投保人对被保险人的故意杀害、故意伤害。

（2）被保险人故意自伤、故意犯罪。

（3）被保险人2年内自杀（无民事行为能力人除外）。

（4）被保险人主动吸食或注射毒品。

（5）被保险人酒后驾驶、无有效驾驶证驾驶。

（6）战争、军事冲突、暴乱、恐怖活动或武装叛乱。

（7）核爆炸、核辐射或核污染。

时至今日，人们已经开始不那么避讳死亡、意外等话题了，那么及早做好准备确实是人生的一种淡定和智谋。终身寿险很好地匹配了身故保障和财富传承需求等，不过还是建议在配置完重疾险、意外险、医疗险之后，再配置终身寿险和其他理财型险种。

9. 年金保险指南

忽然发现
我的年纪
已经比妈妈还大了

——[日]井上亲子 78岁

日本有本很有名的书，叫《下流老人》。

不是品行下流，而是指中产阶级到退休时，由于没有做好养老的财务规划，生活从社会中上层沦落到中下层，晚景凄凉。

中国也一样。

20世纪90年代，我国社保养老金的抚养比是5:1，即5个参保人养1个退休人员，而现在变成了2.8个参保人养一个，未来只会更艰难。

现在中国60岁以上老年人接近五分之一，到我们这代人老的时候，又是多少?

三分之一。

谈养老是个奢侈的问题。

我们这一代人，背负着高房贷、高教育支出、高医疗支出的几重大山，上有老、下有小，几乎喘不过气来，更没办法去想养老的事情了。

但这并不意味着我们可以无视这个问题。

因为它就在一步一步朝我们走来。

正视艰难的问题，虽然有压力，但总比回避好。

及早谋划，把年轻时赚的钱攒到老年花，这就是年金保险平衡个人经济周期的作用。

年金保险是什么?

● 年金保险保什么?

通俗来说，年金保险有点像存钱，我们先向保险公司缴纳一定的保费，到了一定的年限，再从保险公司按规则领钱。不过在实际产品中，除了生存保险金，很多产品也有身故保险金。

年金保险是以被保险人生存为给付保险金条件，并按约定的时间间隔分期给付生存保险金的人身保险。

举个例子，爸爸为0岁男宝投保年金保险A，每年交10万元，交5年。则可以获得以下保险利益:

孩子5～9岁，每年领生存金3万元;

孩子10～59岁，每年领生存金15320元;

孩子60岁后，每年领生存金30640元。

如果孩子不幸身故/全残，则赔付一笔身故/全残保险金，金额为已交保费与保单现金价值中的较大值，保单终止。

● 年金保险的分类

（1）按照功能/用途分类。

根据领取的生存保险金的主要功能/用途，可将年金保险分为教育金、养老金、普通年金等（见表2-21）。

表 2-21　年金保险按功能 / 用途分类

年金保险分类	教育金	养老金	普通年金
被保险人	一般为10周岁以下的孩子	一般为35~60周岁的中年人	一般70周岁以下均可投保

续表

年金保险分类	教育金	养老金	普通年金
生存金领取时间	一般为孩子上高中/上大学时	一般为55/60/65/70周岁	一般在保单生效五年之后
生存金功能	孩子的学费、生活费等	主要用于补充老年时生活费用等	灵活多样
保单到期时间	通常为孩子大学/研究生毕业时	保障终身	短期(如15年、20年)或终身

(2)按照产品形态分类。

两大类:非分红型和分红型(见表2-22)。

表 2-22　年金保险按产品形态分类

年金保险分类	非分红型	分红型
预定利率	较高	较低
保证收益	有 (较高)	有 (较低)
浮动收益	无	有 (根据分红情况,个别情况下分红也可能为0)
搭配投保万能险	可以	可以

① 非分红型。

产品预定利率较高,每年的生存保险金金额固定,收益确定。此类产品的保证收益较高,多数可搭配同公司的万能账户一起投保。

② 分红型。

产品预定利率低,每年的生存保险金为固定年金+不确定的分红。此类产品的保证收益低，分红一般按照低档、中档、高档三档进行演示，每年实际分红会随经营情况发生变化。多数分红型年金产品也可搭配同公司的万能账户一起投保。

什么人适合买年金保险?

对大部分家庭来说，意外险、重疾险、医疗险、定期寿险等保障型保险才是需要优先考虑的。年金保险适合如下家庭:

（1）家人保障型保险已经配置充足，且保额已足够高。

（2）不擅长投资和理财，剩余一笔闲置资金，希望通过年金保险锁定安全、稳健的收益，提前做好财富规划。

（3）希望理财多元化，一部分投向高风险、高收益（如股票），另一部分投向低风险、低收益（如保险）。

（4）经营企业或者家庭收入较高，希望通过保险进行资产隔离和财富传承。

选购年金保险的注意事项

● 选择非分红型还是分红型?

如果消费倾向偏保守，想要确定性，建议选择非分红型。该产品收益固定，白纸黑字写到合同里，不用担心未来发生变数。如果能接受一些不确定性，对保险公司的投资运营能力有信心，也可以考虑分红型年金保险。只是投保时，一定要认清分红是不确定的，甚至可能没有分红。建议尽量考虑稳健运营、较大规模公司的产品。

● 要不要搭配万能账户?

万能账户可理解为一个存取相对自由的理财账户。年金保险和万能账户同时投保时，每年的生存保险金会进入万能账户增值，如果需要使用这些资金，再从万能账户提取出来。所以，通过万能账户，可以提高年金保险的资金灵活性，也能一定程度上提高收益。

不过需要注意的是，万能账户的收益并非代表年金险整体的收益。例如：某万能账户目前结算利率为5.5%，并非代表年金险整体的收益就达到了5.5%。因为只有进入万能账户的那“一小部分生存保险金”在万能账户中的“那段时间”里才达到了这个收益。随着进入万能账户的资金量越来越多，时间越来越长，年金险整体收益才慢慢趋近于万能账户收益。

所以，不要被万能账户当前的结算利率迷失了方向，甚至为一个所谓的“高收益”万能账户而选择一款很差的年金险。

考虑要不要搭配万能账户时，应先了解清楚以下关键信息：

（1）初始费用。

资金进入万能账户是有成本的，需扣除初始费用。例如，从年金险中转入的生存保险金收取1%初始费用；万能账户趸交及追加的保险费收取3%初始费用。

（2）部分领取/退保费用。

从万能账户中提取资金也可能有成本。一般情况下，前五年从万能账户中部分领取/退保，需收取一定的费用（如1%～5%），第6年开始通常不收费。

（3）保底利率。

无论未来市场怎么变化，万能账户都至少可以按保底利率进行结算。当然，对消费者来说，保底利率越高越好。目前市场上万能账户保底利率最高为3%。

（4）目前结算利率。

保险公司每个月都会公布万能账户的结算利率，一般来说，新产品推广时期，其结算利率相对较高，之后可能有所回落，所以结算利率要看变化趋势。

综上，在了解清楚万能账户的关键信息，及其收益与年金险收益的关系后，如果想增加年金保险的资金灵活性，也可以考虑搭配投保万能账户。

- 预定利率跟实际利率的关系？

预定利率是保险公司在厘定费率时使用的对预计保单现金流进行投资的收益率，体现了保险公司对未来的预期。受监管规定，目前在售的年金保险产品，预定利率最高为4.025%（以后预定利率上限会下调至3.5%，在本小节后文部分高高会详细说明）。

由于保单中用于投资的资金，需扣除保障成本、营业费用等，所以对消费者来说，保单的预定利率并非实际利率，因为“本金”少了。通常，在保单生效的前几年，实际利率会远低于预定利率，之后再慢慢趋近预定利率。例如，35岁男性，投保一款养老年金产品A，其预定利率和实际利率对比如图2-15所示。

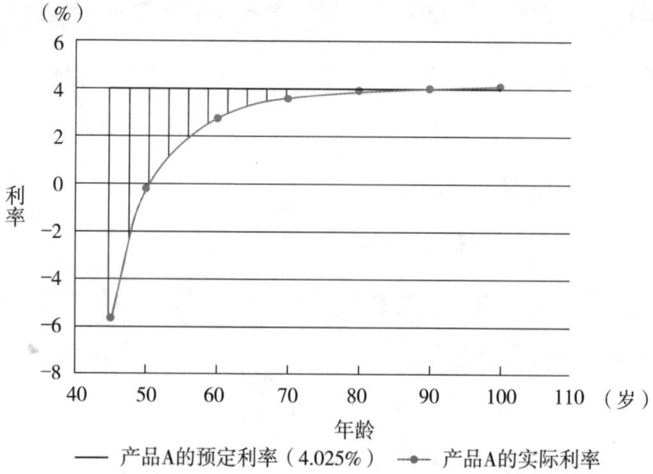

图 2-15　年金产品 A 预定利率和实际利率对比

即便是相同预定利率的产品，因各公司扣除保障成本、营业费用不同，最终的实际利率也会有差异。所以不能只用预定利率去评价一款产品，实际利率更有参考价值。实际利率怎么计算？——内部收益率IRR。后面高高会具体介绍计算方法。

- 年金险是长期投资，短期退保会亏钱

投保年金险后，保险公司需扣除运营成本等，所以保单前期的现金价值是比较低的。很多年金保险在缴费期未满时，消费者如果选择退保，退回的钱很可能比已交保费少，即短期退保会产生损失。如图2-15中，前期实际利率为负数。

通常认为，年金保险是长期投资行为，建议至少持有十年甚至二十年以上，一般来说，持有时间越长，保单的收益率也是越高的。年金险的缴费方式主要包括趸交、三年交、五年交、十年交等，年缴费金额应尽量控制在家庭经济能力范围内，从而避免中途无力承担保费，被迫退保带来损失。

年金保险的收益率计算——IRR

- 什么是IRR?

“一年存X万元，连续存X年，第X年开始每年返还X万元。如果年金不领取，进入万能账户增值，第X年账户价值增至X万元……”相信关注过或者投保过年金保险的朋友，应该都看过类似上面的介绍，眼花缭乱，一冲动就买了，后面认真分析，又觉得买亏了。

其实计算收益率有个特别好的工具，叫IRR。

保险业内有句话说：谈IRR必死。意思是，如果和客户说到IRR，就显得收益特别低，产品吸引力大降，客户很可能不打算买了。

但是，保险并不是完全依靠收益率取胜的理财产品，而有其独特性。将产品情况全面、如实告知客户，帮助客户理性决策，而不是冲动消费，才是更负责的态度。作为消费者，那更应该懂得IRR，算清楚这笔账。

所谓IRR，是指资金流入现值总额与资金流出现值总额相等、净现值等于零时的折现率，也是此现金流条件下的收益率。

货币是具有时间价值的，即“钱能生钱”。现在的1万元与1年后的1万元相比，显然现在的1万元更值钱。如果折现率是5%，那么一年后的1万元相当于现在的9524元，1万元/（1+5%）=9524元。如果你现在投入9524元（即资金流出现值总额为9524元），一年后获得1万元，这个1万元按照5%的折现率计算，其资金流入现值总额也是9524元。此时，净现值等于零，IRR=5%，即该现金流条件下收益率为5%。

上面只是举了一个最简单的例子，如果资金的流入和流出情况比较复杂，就不能简单用计算器算出收益率了，而需要借助Excel等工具的IRR函数进行计算。

在使用Excel的IRR函数时，需注意:

（1）每笔现金流发生的时间间隔必须固定，比如每月、每年。

（2）现金流中有正数和负数，可设定资金流出为负值，资金流入为正值。

（3）现金流间隔时间为“年”时，计算出的IRR即为年化收益率（年复利）；间隔时间为“月”时，计算出的IRR为月利率，可根据需要换算成年利率。

- 年金保险IRR计算举例

以50岁女性为例，计划年交保费10万元，交10年。

产品A：

55～59岁，每年领取年金60000元；

60岁～终身，每年领取年金25520元；

85岁时，保单现金价值为886808元。

产品B：

60岁～终身，每年领取年金47138元；

85岁时，保单现金价值为1169370元。

一个早领钱，前期领的多，后期领的少；一个晚领钱，但后期领的多。哪个收益高?

我们来算算85岁时，两款产品的IRR，过程如下。

（1）打开Excel，将两款年金险每年的资金流入流出情况反馈到表格中。

（2）在产品A现金流最下方单元格B38中输入IRR函数，=IRR(B2：B37)，然后敲回车键，即可得到3.20%，说明产品A的年化收益率（年复利）为3.20%。

（3）在单元格C38中输入IRR函数，=IRR(C2：C37)，然后敲回车键，即可得到3.90%，说明产品B的年化收益率（年复利）为3.90%（见表2-23）。

表 2-23　两款年金险产品 IRR 计算演示

年龄（岁）	产品A现金流（元）	产品B现金流（元）
50	-100000	-100000
51	-100000	-100000
52	-100000	-100000
53	-100000	-100000
54	-100000	-100000
55	-40000	-100000
56	-40000	-100000
57	-40000	-100000
58	-40000	-100000
59	-40000	-100000
60	25520	47138
61	25520	47138
62	25520	47138
63	25520	47138
64	25520	47138
65	25520	47138
66	25520	47138
67	25520	47138
68	25520	47138
69	25520	47138
70	25520	47138
71	25520	47138
72	25520	47138
73	25520	47138
74	25520	47138

续表

年龄（岁）	产品A现金流（元）	产品B现金流（元）
75	25520	47138
76	25520	47138
77	25520	47138
78	25520	47138
79	25520	47138
80	25520	47138
81	25520	47138
82	25520	47138
83	25520	47138
84	25520	47138
85	912328	1216508
年化收益率（%）	3.20	3.90

可以比较得出，从收益率的角度看，产品B要优于产品A。3.90%的保证收益率，在目前的年金险中属于很高的。此外，IRR会随着年龄（时间）变化，如果需要全面对比，也可以多算几个年龄的。

当然，比较年金保险，IRR是很重要的指标，但是不能只看IRR，公司的规模、产品的功能、资金的流动性等都是影响选择的因素。不过，有了IRR这个工具，至少可以让你在面对各种纷繁复杂的年金产品时，有一个横向对比的“尺子”，不至于被五花八门的产品计划书迷失了方向。

下调预定利率上限，会有什么影响?

2019年8月30日，银保监会发布了一则通知，主要是将寿险业责任准备金评估利率上限从4.025%降到3.5%。也就是说，以后保险公司卖给你的普通型养老年金及10年以上的普通型长期年金产品，预定利率最高不能超过3.5%了。

- 为什么下调?

其实，这并不是“突然”不让卖了。监管机构一直在限制高预定利率产品，此次下调评估利率，只是进一步限制。各家公司应该陆续会回归“保险姓保”，下架相关产品。

为什么? 简单来说，监管觉得在经济下行的大环境下，保险公司的利差损风险太高了，其投资收益根本撑不住这个预定利率。撑不住，就可能有倒闭风险。

2018年前三季度，上市险企总投资收益率基本在3.3%～4.8%，而2017年同期基本都在5.1%以上。如果再往前看，就更有前车之鉴了。90年代银行一年期存款利率曾在10%以上，保险公司甚至卖过预定利率10%左右的产品（见表2-24），几家大公司现在都还在承受着几百亿元的利差损。

表2-24　一年期存款利率与寿险产品预定利率变化

时间	一年期存款利率（%）	寿险产品预定利率（%）
1993年7月	10.98	9.00
1996年5月	9.18	10.00

续表

时间	一年期存款利率（%）	寿险产品预定利率（%）
1996年8月	7.47	8.80
1997年1月	5.67	7.50
1998年3月	5.22	6.50
1998年7月	4.77	4.50
1998年12月	3.78	4.50
1999年6月	2.25	2.50
2002年2月	1.98	2.50
2004年11月	2.25	2.50
2013年	3.00	3.50 可上浮15%（即4.025）

这也就可以理解，为什么很多公司对于上架预定利率4.025%的年金险产品比较谨慎。实际上，近年来市场上的普通型养老年金及10年以上的普通型长期年金，其预定利率大多在3.5%左右，一些中小公司为了开拓市场，推出了一些预定利率4.025%的产品。这次监管将上限从4.025%下调到3.5%，更多可能对中小公司产生一些影响。

● 对消费者有什么影响?

目前预定利率4.025%的年金保险均为非分红型，对于已经投保的消费者，不会有什么影响，因为非分红型保险产品的利益是固定的，一切收益以投保时实际签订的合同为准。

对于未投保的消费者，产品预定利率下调后会有什么影响?

为了直观理解，以10万元为例，来看看年复利3.5%和4%，收益的差异到底有多少？如图2-16所示。

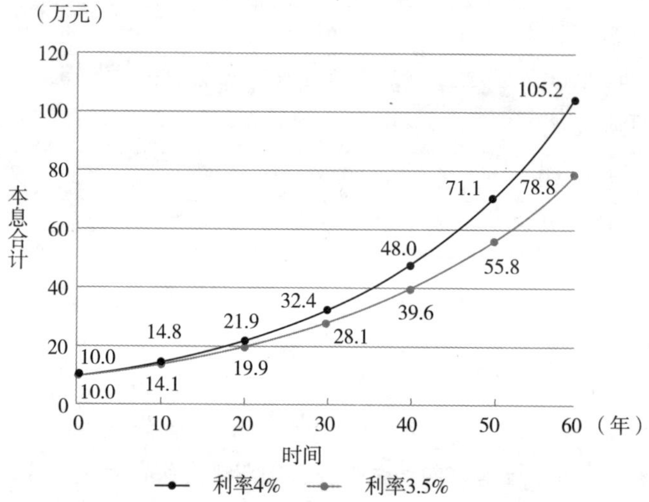

图 2-16　年复利 3.5% 与 4% 收益对比

可以看出，年复利3.5%和4%短期看差异不大，但时间一长，积累下来的总收益还是相差不小的。利率高0.5个百分点，10年后收益高17%；20年后高20%；40年后高28%。买年金保险一般都是长期投资，复利带来的差别还是很明显的。再举个例子，同样为了40年后获得100万元，3.5%复利时需投入25.3万元，而4%复利时只需投入20.8万元。

下调预定利率上限之后，消费者将越来越难买到4.025%的年金险产品。但是，有没有必要因为下调预定利率上限而匆忙投保年金险，还需结合具体的需求。

10. 财产保险指南

人比车贵，但现实的情况是，大家普遍都给车买了保险，反而不少人还没有给自己和家人买保险，实在令人感慨。

本书主要介绍人身保险，限于篇幅，仅对常见的财产保险做一些介绍。

车险

- 定义

车险即机动车辆保险的简称，是财产保险的一种，指对机动车辆由于自然灾害或意外事故所造成的人身伤亡或财产损失负赔偿责任的一种商业保险。简单来说，车险就是对车辆的损失以及车辆造成的损失进行赔偿。

- 车险分类

车险主要分为交强险与商业险，其中商业险包括基本险和附加险两部分（见图2–17）。

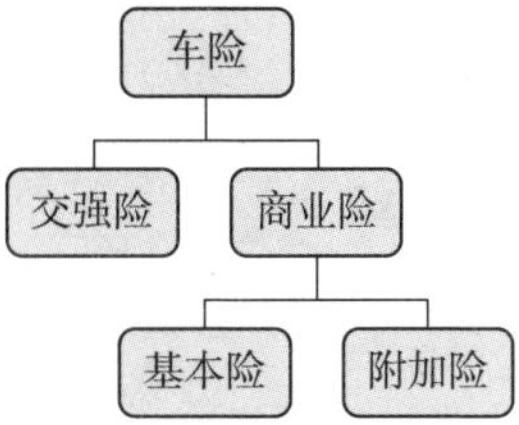

图 2–17　车险分类

（1）交强险。

交强险是指机动车交通事故责任强制保险，是由国家统一规定收费标准，强制必须购买的保险。可理解为国家为了维护社会安定，避免无辜的受伤人员无法得到赔偿而实施的强制规定。交强险具体保障内容见表2-25。

表 2-25 不同责任情况下交强险的赔付上限

保障内容	有责（万元）	无责（万元）
死亡伤残赔偿金	11	1.1
医疗费用赔偿金	1	0.1
财产损失赔偿金	0.2	0.01

案例：

情况一：甲乙两辆机动车互碰，两车均有责，且不涉及人身伤亡和车外财产损失，如果双方的损失均在交强险财产损失赔偿金范围内，则按实际损失承担对方机动车的损害赔偿责任；如果损失超过赔偿金上限，则按上限赔付。例如，甲乙两车同责，甲车损失3500元，乙车损失1900元，则甲车保险公司赔乙车损失1900元，乙车保险公司赔甲车2000元（上限）。

情况二：甲车追尾乙车，甲车全责，乙车无责。甲车损失4500元，乙车损失2200元，则甲车保险公司赔乙车损失2000元，乙车保险公司赔甲车100元。

（2）商业险。

商业险包括基本险与附加险，其中基本险中的车辆损失险与第三者责任险等构成了商业险的主干险种，并与若干附加险相互配合，为消费者提供多方面的保障服务（见表2-26）。

表 2-26　车险主要构成

类别		投保险种	免赔额	建议
交强险	国家强制购买	—	—	强制购买 未购买罚2倍保费
商业险	基本险	1. 车损险	按事故责任等因素确定（5%～40%）	建议买
		2. 第三者责任险	按事故责任等因素确定（5%～30%）	建议买，最好达到100万元保额
		3. 机动车车上人员责任保险（分司机和乘客）	按事故责任等因素确定（5%～20%）	建议买
		4. 机动车全车盗抢保险	按能否提供相关资料证件确定（20%～22%）	
	附加险	1. 不计免赔险	—	建议买
		2. 玻璃单独破碎险	—	
		3. 自燃损失险	20%	
		4. 新增加设备损失险	15%	
		5. 车身划痕损失险	15%	
		6. 发动机涉水损失险	20%	
		7. 维修期间费用补偿险	1天的赔偿金额	
		8. 车上货物责任险	20%	

续表

类别		投保险种	免赔额	建议
	附加险	9. 精神损害抚慰金责任险	20%	
		10. 机动车损失保险无法找到第三方特约险	—	
		11. 指定修理厂险	—	

① 基本险。

包括：车损险、第三者责任险、车上人员责任险和全车盗抢险。其中比较值得购买的是前三种。

车损险：

被保险人或其允许的驾驶员在驾驶保险车辆时发生保险事故，造成保险车辆受损，保险公司在合理范围内予以赔偿。车损险也就是针对车辆本身的损失所投的保险。较常见的车损包括：碰撞、倾覆（翻车）、自然灾害（如冰雹、暴雨、爆炸）等。

第三者责任险：

第三者责任险是保险公司为第三者的损失承担责任的保险。第三者指的是除投保人、被保险人、保险公司以外的，因保险车辆发生意外事故而遭受损失的第三方受害者。第三者责任险是发生事故以后要赔给对方的，可理解为交强险的进一步补充。如果对方车辆和人员损失超过交强险的赔付金额，这时候第三者责任险就派上用场了。

例如，在某个交通事故中你全责，对方修车花了12000元，交强险赔付2000元。那么剩下的1万元，保险公司将按商业第三者责任险相关条款和赔付比例进行赔付。不过，第三者责任险的赔付也受保额限制。例如，你买的是30万元保额，在某事故中由于你的责任，扣除交强险还需要赔别人50万元，但保险公司最高只会赔30万元，剩下的20万元需要你自己承担。由于现在万一撞了车或人，赔偿金都挺高，建议第三者责任险保额尽量达到50万元，甚至100万元。

车上人员责任险：

车上人员责任险主要保障保险车辆发生交通意外造成的本车人员伤亡，本车人员包括司机和乘客，一般每个座位保额按1万～5万元确定。与常规意外险相比，车上人员责任险一般保费高而保额低，性价比不太高。但是，车上人员责任险也有其优势：只认车，不认人，不需要每个乘客都登记。生活中也不是每个人都为自己购买了意外险，我们也经常会有送朋友回家一类的情况。因此，一定额度的车上人员责任险也算是给每位乘车人的保障，能在意外事故发生后为自己减少一些经济损失。

全车盗抢险：

全车被盗才给赔，也就是说，丢了某个轮子、反光镜都是不能赔的。全车盗抢险理赔要求：全车被盗后，到县级以上公安部门报案，三个月没找到，可以要求理赔。理赔要求很高，且发生概率极低，如果保费较高，那么不太推荐购买。

案例:

2012年5月，何某在某品牌4S店购买了一辆轿车，并在店内的保险办理点为车辆投保。就在何某购买新车后的第四天，车辆在自家楼下被盗，何某立即报警，几个月后仍没有车辆的下落。何某要求保险公司进行理赔，但却遭到了拒绝。保险公司称，何某车辆被盗时并没有上牌照，而保险合同中特别注明全车盗抢险保险责任自保险车辆领取牌照之日起生效。

② 附加险。

附加险既然是附加的，那么一定要有主险，如基本险中的车损险。附加险有很多种，但其中比较值得够买的是：不计免赔险。

不计免赔险:

表2-26中可以看到，车险中很多责任都有免赔率，买了不计免赔险之后就能除去一些免赔率，赔付更高比例，将车主的事故责任所承担的免赔金额转嫁给保险公司。不过，保险公司为了防范道德风险，会对一些特定的事故定出单独的免赔率，这些免赔率不属于不计免赔险范围，如多次出险、超范围行驶、理赔证件不全等，保险公司一般还会加扣免赔率。此外，车险中还有绝对免赔率，就是无论什么情况，这部分保险公司都是不会赔付的，买了不计免赔险也不行，例如找不到第三者事故等情况。

其他附加险：

其他附加险则可根据具体情况进行选择。例如，自身驾驶技术一般，也很爱惜车，小刮蹭就要经常去修，建议买上划痕险；南方多雨经常内涝城市的车主可以购买涉水险；经常往返于山路可能遭遇小落石的车主则可以购买玻璃险等。

● 车险的理赔流程

（1）出险后，先打“122”报案，拿到交警开具的事故责任认定书，以便日后提供有关事故记录。

（2）给交警报案的同时，在48小时之内向保险公司报案。

（3）保险公司接到报案后，派专人到现场进行勘察以及估计损失。

（4）维修车辆。

（5）保险公司进行核价、核损。

（6）投保人将理赔材料上交保险公司。

（7）保险公司对理赔材料进行审查核实以及确定理赔结果。

● 车险常见误区

（1）对“全保”预期过高。很多消费者买了“全保”，就以为所有损失都能赔。所谓“全保”，只是指一种保障相对全面的车险组合。即使投保了车险的所有险种，交通事故造成的损失也是按“保险合同”进行赔付，需要扣除“绝对免赔额（率）”，对于责任免除的一些情形，也是不予赔偿的。

（2）随意揽下事故责任。在发生交通事故时，不要误以为反正有保险公司赔，就轻易承担与自己无关的责任。一方面，对于第三者责任险等，保险公司会根据被保险人承担的责任轻重制定的不同的赔付比例。另一方面，属于自己责任的事故多了，保险公司很可能会调高第二年的车险费率。

（3）先修理后理赔。如果车辆出险后，先去修理厂，再去找保险公司理赔，很可能出现问题。因为如果保险公司认为修理费用超过定损费用，差额部分将由车主自己承担。所以正确的做法是出险后第一时间报案，协商定损。

家财险

- 定义

家财险，是指以个人所有、占有或负有保管义务的位于指定地点的财产及其相关利益为保险标的的财产保险。简单理解就是保房子、保财产的。

家财险好像是个新鲜玩意，实则不然。在美国等发达国家，家财险是仅次于车险的第二大财产险险种，占比高达10%以上，而在我国不到1%。

如今房价居高不下，很多家庭的主要资产都集中在房子上，甚至因此还背负着几百万元的银行贷款。如此昂贵的资产，大部分人竟然都没有为它买过保险，全指望“不出事”，仔细一想多么可怕？万一发生火灾等事故，整个家庭的资产将在一夜之间化为乌有。

每年几十元或几百元的家财险，就可为家庭主要资产上个保险锁，何乐而不为？

● 保障范围

家财险一般分为四类：普通家财险、家财两全保险、投资保障型家财险和个人贷款抵押房屋保险。这里说的主要是普通家财险，一般为消费型，保费低、保额高，适合大众，其保障范围分为三类：

（1）可保财产。

① 自有居住房屋及室内附属设备；

② 室内装潢；

③ 室内家庭财产。

（2）特保财产。

① 代他人保管的财产或与他人共有的财产；

② 存放在院内、室内的非动力农机具、农用工具和放于室内的粮食与农副产品等；

③ 须与保险公司特别约定才能投保的财产。

（3）不保财产。

① 价值太大或无法确定具体价值的财产（如金银、珠宝、古玩、字画等）；

② 非实物财产（如货币、有价证券、图表、技术资料等）；

③ 非法占用、处于危险状态下的财产（如违章建筑、危险房屋等）；

④ 各种交通工具、养殖及动植物、无线通信工具、日用消耗品等（如摩托车、花鸟鱼虫、手机、食品烟酒等）。

部分家财险含有一些附加保障，对于上述不保财产，可以附加险形式承保，消费者可根据需求进行选择。

● 选择家财险要注意什么

（1）注意投保须知和免责条款。

家财险的保障内容比较细致，要仔细阅读投保须知和免责条款，避免日后发生理赔纠纷。以家财险的一条常见免责条款为例：因家庭成员或家政人员的重大过失行为导致的事故损失不赔。例如在家里放烟花而引发事故造成损失，显然该损失需自担。

（2）不要超额投保。

家财险的赔付遵循损失补偿原则，即以财产的价值及保额为限，损失多少补偿多少，不会超额赔偿。因此，投保家财险时要根据房屋及室内财产的实际价值选择合适的保额，没必要超额购买。

（3）比较重要的保障责任。

家财险保障内容较多，可以重点关注以下保障责任：

① 房屋主体。

房屋主体保障一般是家财险的主险，其保额也通常是最高的，消费者根据房屋价值选择相对接近的保额即可。房子不出事则已，一出事则可能损失严重，不可掉以轻心。

② 水管破裂及渗漏。

这是特别实用、理赔概率很高的保险责任，如北方供暖季暖气管破裂及渗漏、装修期间发生漏水等。不过，不是所有情况下的水管破裂及渗漏都能保，一般免责条款都会写明：管道试水、试压，私自改动原管道设计，违规安装管道或有重大过失，这些原因引起的损失是不赔的。该项责任对保费影响较大，其保额可根据实际情况选择，通常情况建议能达到2万元。

③ 盗抢。

如果治安较差，入户盗抢风险高，可以买盗抢险。需要注意的是，盗抢后需经公安机关认定，且在一定时间内没有破案的，保险公司才会进行经济补偿。此外，为了规避道德风险，盗抢责任通常会设置绝对免赔额。

PART 3 方案篇

没有自立性的态度和意志，只靠别人的力量或金钱买来的，都只是力量微弱的东西。

——松下幸之助

经常会有朋友跟高高说：你帮我推荐一个好产品吧！

又或者说，你买什么啦？我跟着你买就好啦。

其实保险是个性化特别强的产品，每个家庭具体面临的风险不一样，经济实力不一样，风险偏好不一样，所以并不存在“最好”的产品，而是应该从需求出发，寻找“最适合”的产品。

买保险是一个很重大的决策，高高建议大家在确定保险方案之前，一定要慎而又慎，不要仓促决策，原因有二：

其一，保险支出较大。按照较合理的标准，保费支出可能会占到家庭年收入的5%～15%，这么一大笔支出可能仅次于房贷支出。

其二，保险方案不好改。一旦确定了保险方案，如果过了犹豫期，是很难全额退保的。假如要退保，将会损失第一年保费的绝大部分。

高高身边有不少朋友，在对保险只有模糊认知的情况下仓促决策，结果买到不合适的保险。如果退吧，将会损失很大一笔钱；如果不退吧，又始终觉得亏得慌，总觉得每年交费时要花不少冤枉钱，这个感觉可不好受。

怎么办呢?

靠自己。

高高始终觉得，自助者天助，不管大家以后从哪一个渠道配置保险，都需要对自己的需求、保险配置思路有比较明确的认知，才能少踩坑，更好地用保险守护自己的家人。

高高在这篇将把做保险方案的心得全盘教给大家。看完这篇后，你可能比大多数业务员都要更专业啦!

咱们开始吧~

11. 买保险的基本原则

高高给大家列出了购买保险的三个基本原则，如果大家好好参考这三个原则，那么就可以避免大方向上的错误了。

原则一：先风险、后保险：从自己的真实需求出发

保险没有那么玄乎，它只是管理风险的一种重要手段。所以我们购买保险时，首先要明确我们的风险在哪里，这样才能准确地运用保险这个工具守护我们的家人。

那么，我们的风险在哪里？按照严重程度，通常有以下几类（见图3-1）：

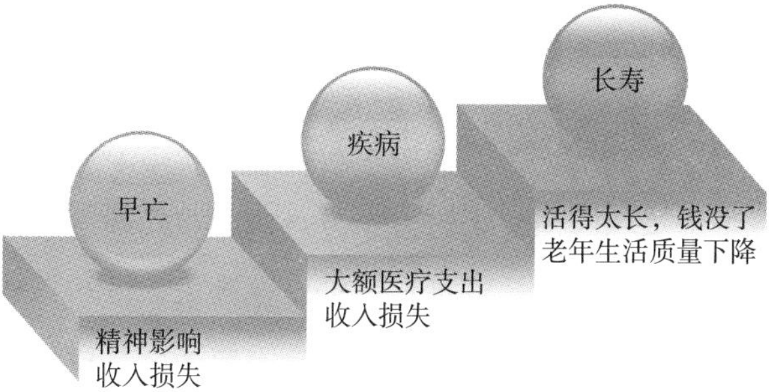

图 3-1 人生三大风险

（1）早亡的风险：任何一个家庭成员的早亡，都会带来精神上的悲伤，但如果是家庭经济支柱遭遇意外、重疾等原因身故，会对上有老、下有小的家庭造成严重的经济影响。

（2）生病（特别是重大疾病）的风险：生病是我们任何人都无法避免的。小病我们还能自己扛住，但重大疾病，如同我们头上悬着的达摩克利斯之剑，不论它找上我们家庭中

的任何一个成员，都会给整个家庭造成极大的负担：一方面需要耗费巨额的医疗费用，另一方面，可能还会带来无法工作的潜在收入损失，此外，还可能需要其他家庭成员放弃工作来照顾。

（3）长寿的风险：长寿还会有风险吗？会的。如果我们对老后的生活，没有做好足够的财务准备，可能会陷入经济上的困境。

正视风险，我们才好整体做计划，确定整个家庭保险的预算和方案。在陷入令人眼花缭乱的产品比较前，建议优先考虑三个问题：

- 你的风险需求是什么？（你要保多少）

保险是满足风险需求的财务工具，因此首先需要做一次风险需求测评或者自我检视，理清自己的真正需求，便于下一步理性决策。基本原理是：商业保险需求＝风险导致的费用需求－社保等其他方式承担额度－自己能承担的额度。

- 你的预算是多少？（你能出多少）

一般而言，普通三口之家，保险的合理支出应在整个家庭总收入的5%～15%。父母及孩子的保险预算，都应纳入整个家庭的保险预算统筹考虑。例如，父母分别占总支出的35%～45%，孩子占10%～30%。当然这个比例并不绝对，还需要根据家庭成员收入、风险偏好、负债情况等综合考虑。

● 动态配置（当要保多少>能出多少时）

保险配置并非一次性必须配置到位，而是可以根据实际情况动态配置。在预算有限的情况下，有以下几种选择：

（1）降保额，以降低保费，考虑在今后几年逐渐加高保额。

（2）减时间，选择短期产品，如购买定期或一年期保险产品作为过渡，等经济实力更强后再配置长期或终身保险产品。

（3）分缓急，先配置优先级高的险种（比如意外险、医疗险等），优先解决最紧迫的风险需求，再逐步考虑配置优先级低的险种。

原则二：先保障、后理财：优先满足保障的需求

很多朋友在购置保险前存在错误观念，其根源在于对保险的本质属性认知不清。这些错误观念诸如：买这个保险，最后没有赔，我不就亏了？这个保险返还多少钱？最好能有一个全部责任都保，到期还能返钱的保险产品……甚至很多父母，给孩子买的第一份保险，居然是教育金。

保险的基本功能为经济补偿，衍生功能才是资金融通。用大白话来说，保险首先是用来保障的，不是用来发财的。打个比方，保障型保险是抵御风雨的雨衣，雨衣还没有普及，却买了理财型保险这件貂皮大衣。消费者花费巨大，真正遇上下雨天时，却发现一点也不管用，产生“保险不保险”的印象。所以我们买

保险的首要目的，应该是保障，用较少的保费，撬动较高的保额。应该优先考虑那些保障属性强的产品，如意外险、重疾险、医疗险等。

在选购保障型产品时，一个很重要的评价指标叫“杠杆率”(见图3-2)。杠杆率高的保险产品，可以用更少的保费撬动更大的保障，通常都称得上是“性价比高”的保险产品。

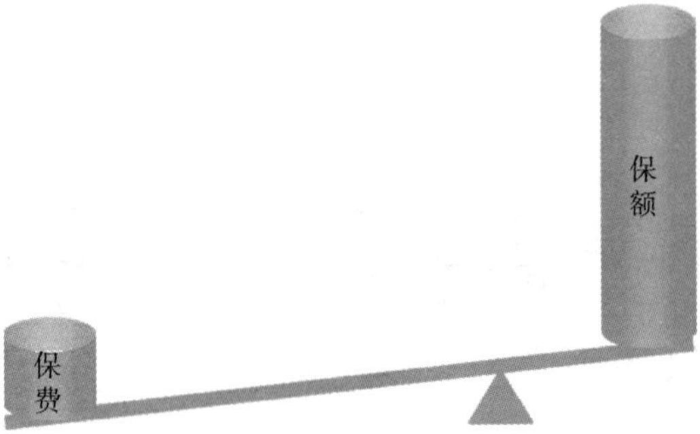

图 3-2　保险的杠杆作用

近年来，保险监管部门大力提倡“保险业姓保”，呼吁回归保险的保障属性，目前市场上已经不断出现保障性更强、杠杆率更高、对消费者更友好的产品。当然，强调“杠杆率”，并非全盘否定理财型保险。而是强调：应优先配置杠杆率高的保障型产品，在有余力的条件下，再配置理财型产品。

原则三：先大人、后小孩/老人：优先满足家庭经济支柱的风险需求

大多数父母的第一份保险都是为孩子配置的。对孩子的关爱高高感同身受，但从理性的角度建议，父母配置保险的优先级应高于孩子。原因有三：

（1）从保障能力考虑，孩子最大的“保护伞”不是保险，而是父母。父母是家庭的经济支柱，只要父母健在，孩子的一切风险都有保障的可能。对孩子而言，最大的风险莫过于父母身故/重疾等“意外”。

（2）从风险系数考虑，大人发生重疾、身故的概率通常也要高于孩子（见图2-7和表2-17、表2-18）。

（3）从经济损失考虑，孩子发生“意外”，实际上更多的是精神损失，经济损失较小。保险恰恰是对经济损失的补偿，所以优先保障的对象应该是“发生事故后对家庭经济造成较大损失的人”。

所以，家庭保险的正确配置顺序应该是：先父母、后孩子/老人。即便首先为孩子/老人购买保险，也应给大人预留足够的保费预算。

12. 做方案前要做的两件事

确定家庭保费预算

一般而言，普通三口之家，保险的合理支出应在整个家庭总收入的5%～15%。这样一般不会给家庭生活带来太大负担，并且能够通过合理配置获得较为充足的保障。当然，具体占比还需要根据家庭成员收入、风险偏好、负债情况等综合考虑。举几个例子：

A家庭，家庭年收入20万元，生活支出6万元/年，没有负债，可支配收入为14万元。

B家庭，家庭年收入50万元，生活支出25万元/年，车贷房贷20万元/年，可支配收入5万元。

C家庭，家庭年收入100万元，生活支出25万元/年，房贷15万元/年，可支配收入60万元。

以上三个家庭，如果按照家庭总收入的5%～15%规划保费，A家庭一年花1万～3万元在保费上，相信是不成问题的；B家庭如果花2.5万～7.5万元购买保险，对其生活可能会造成较大负担，比例可能需适度调低；C家庭每年花5万～15万元购买保险，问题也不大，此外，如果有需求，还可适当配置理财型保险，此时保费支出占比可能会相应提高。

可见，保费占比只是参考，还是要具体情况具体分析。

详细了解家人的健康状况

一个人的身体健康状况，会影响其是否能投保某个产品，甚至某个险种。所以，在制作方案前，一定要详细了解每个家人的身体健康状况，避免方案做了，但投不上的情况。

如何了解？主要有以下三种方式：

（1）体检报告：这是最常见的能够反映个人身体综合情况的材料，如果是全面的体检，一般会对所有的异常指标都进行整合，能快速、清晰地了解身体状况。如果能找到历年的体检报告当然最好，不行的话，尽量找到最近一年的。

（2）CT/TCT/肠胃镜/核磁共振报告等单独检查报告：身体有异常的时候，医生会根据具体的部位进行详细检查，这类报告也是保险公司核保时会额外关注的。

（3）病历/住院日志和出院小结：如果有过就医，就会留下病历，一些感冒发烧等小毛病倒没什么大问题，但是如果有保险产品的健康告知中问到的相关疾病，就可能会对投保产生影响了。此外，如果有过疾病住院，一般也需要告知，通常需要提供住院日志和出院小结等材料。

通过以上几种方式，就可以搜集到比较全面的健康状况信息啦。此外，有的小伙伴可能每年都有体检，或者经常去医院，长年积攒下来的材料非常多。这种情况下，如果全部都搜集，工作量很大，可以只搜集最近一两年的吗？理论上来说，最好是都要搜集的，建议可以先把材料看过一遍后分类，常见的感冒发烧类可以先排除，留下一般保险产品健康告知中会问到的。

如果就医材料有遗失，可以致电医院补打，如果实在找不到，就只能靠回忆啦！了解家人的健康状况，就是为买保险时的健康告知做准备的，最大的原则是要如实告知，详细内容可参考本书第19小节“怎样做好如实告知”，高高建议尽量事先准备充足，以免后患哦。

13. 怎么给儿童做保险方案

儿童保险方案配置思路

首先，在给孩子买商业保险前，一定要给孩子上医保，这是国家给的福利，不仅是基础保障，购买一些商业保险时还可能享受更优惠的费率。给孩子买保险，遵循先保障、后理财。保障型保险主要考虑以下几个险种：

- 意外险

国家对儿童身故赔付有限额，0～9周岁，最高赔付20万元，10～17周岁最高赔付50万元（航空/重大自然灾害情况除外）。同时，儿童一般没有经济责任，但儿童发生摔伤、烫伤等小意外概率较高，因此儿童意外身故的保额不需要太高，主要关注意外医疗部分，最好涵盖社保外用药。

- 医疗险

医疗险可以对社保不能报销的医疗费用进行补充报销。例如，高额的百万医疗险能够分散大额医疗支出的风险。如果对就医条件有较高要求，也可以考虑中高端医疗险。

- 重疾险

儿童如果发生重疾，将对家庭产生巨大的影响。重疾险可以弥补父母因照顾孩子产生的收入损失，以及给孩子治疗和康复的费用。此外，儿童重疾险产品可以适当包含少儿高发重疾，通过少儿高发重疾加倍赔付等方式增强保障。

以上保障型保险配置全面后，再考虑教育金/年金等理财型保险。

不同预算方案示例

很多宝爸宝妈不知道怎么给孩子进行综合的保险产品组合，其实宝宝的产品选择面很宽，因为基本上宝宝刚出生都是比较健康的，投保限制少，方案主要受预算的影响。高高以0岁男宝为例，演示四个不同预算的方案，供大家参考。

• 方案一：预算1500元

表 3-1　预算 1500 元的保险方案（0 岁男宝）

类别	产品名称	基本保额（万元）	保险期间（年）	交费年限（年）	年交保费（元）	主要保障内容
意外	意外险A	10	1	1	140	① 意外身故/伤残10万元； ② 意外医疗2万元，不限社保
医疗	医疗险A	300	1	1	766	① 住院报销：100种重疾报销限额600万元，0免赔，其他疾病报销限额300万元，1万元免赔； ② 门诊报销：住院前后门急诊、特殊门诊、门诊手术； ③ 可申请住院垫付，出院报销； ④ 重疾就医绿色通道服务 （提示：医院范围为中国境内二级及以上公立医院普通部）
重疾	重疾险A	50	30	20	550	① 轻症30种，赔付15万元，最多赔付2次；中症20种，赔付25万元；重疾：75种，赔付50万元； ② 少儿特定重疾5种，赔付100万元；少儿罕见重疾5种，赔付150万元； ③ 身故赔付已交保费与现金价值的较大值； ④ 患轻症/中症理赔后，后期未交保费免交
年交保费					1456	

表 3-2　各保障项目的保险金额

保障内容	赔付保额
重疾保障	50万元～150万元（30周岁前）
意外身故	10万元～11.6万元（30周岁前） 10万元（30周岁后）
疾病身故	0.06万元～1.6万元（30周岁前）
医疗保障	300万元/年（报销型）

方案分析：方案一中，仅花费不到1500元，就给宝宝配置了意外+医疗+重疾等全面的保障（见表3-1、表3-2），重疾虽然只保30年，但是前期也基本够用，后续预算宽裕一些时，可以再进行补充。方案一适合家庭保费预算较少（1万元左右）的人群。

- 方案二：预算3000元

表 3-3　预算 3000 元的保险方案（0 岁男宝）

类别	产品名称	基本保额（万元）	保险期间	交费年限（年）	年交保费（元）	主要保障内容
意外	意外险A	10	1年	1	140	① 意外身故/伤残10万元； ② 意外医疗2万元，不限社保
医疗	医疗险B	200	1年	1	588	① 住院报销：100种重疾报销限额400万元，0免赔，其他疾病报销限额200万元，1万元免赔； ② 门诊报销：住院前后门急诊、特殊门诊、门诊手术； ③ 可申请住院垫付，出院报销； ④ 6年保证续保 （提示：医院范围为中国境内二级及以上公立医院普通部）
重疾	重疾险B	50	终身	30	2300	① 轻症35种，赔付12.5万元，最多赔付3次；重疾80种，赔付50万元（轻症赔付后保额增长，最高65万元）； ② 身故赔付现金价值； ③患轻症理赔后，后期未交保费免交
年交保费					3028	

表 3-4 各保障项目的保险金额

保障内容	赔付保额
重疾保障	50万元～65万元
意外身故	10万元～57.39万元
疾病身故	0万元～47.39万元
医疗保障	200万元/年（报销型）

方案分析：相比方案一，方案二中重疾险保额同样为50万元，但保障期限为终身，身故能够赔付保单的现金价值，保障内容更全面（见表3-3、表3-4）。方案二适合家庭保费预算中等（2万～3万元）的人群。

- 方案三：预算5000元

表 3-5 预算 5000 元的保险方案（0 岁男宝）

类别	产品名称	基本保额（万元）	保险期间	交费年限（年）	年交保费（元）	主要保障内容
意外	意外险A	10	1年	1	140	①意外身故/伤残10万元； ②意外医疗2万元，不限社保
医疗	医疗险B	200	1年	1	588	①住院报销：100种重疾400万元，0免赔，其他疾病200万元，1万元免赔； ②门诊报销：住院前后门急诊、特殊门诊、门诊手术； ③可申请住院垫付，出院报销； ④6年保证续保 （提示：医院范围为中国境内二级及以上公立医院普通部）

续表

类别	产品名称	基本保额（万元）	保险期间	交费年限（年）	年交保费（元）	主要保障内容
重疾	重疾险A	50	30年	20	550	①轻症30种，赔付15万元，最多赔付2次；中症20种，赔付25万元；重疾：75种，赔付50万元； ②少儿特定重疾5种，赔付100万元；少儿罕见重疾5种，赔付150万元； ③身故赔付已交保费与现金价值的较大值； ④患轻症/中症理赔后，后期未交保费免交
	重疾险C	50	终身	30	3665	①轻症35种，赔付22.5万元，最多赔4次；中症20种，赔付30万元，最多赔2次；重疾106种，赔付50万元起（每次赔付保额增长，最高75万元）。保单前10年首次患重疾额外赔付10万元； ②18周岁前身故/疾病终末期赔付2倍已交保费，18周岁后身故/疾病终末期赔付保额、现金价值、已交保费三者较大值； ③患轻症/中症/重疾理赔后，后期未交保费免交
年交保费					4943	

表 3-6　各保障项目的保险金额

保障内容	赔付保额
重疾保障	100万元～225万元（30周岁前） 50万元～75万元（30周岁后）
意外身故	10万元～23.4万元（18周岁前） 60.99万元～61.65万元（18周岁后）
疾病身故	0.79万元～51.6万元（30周岁前） 50万元起（30周岁后）

续表

保障内容	赔付保额
医疗保障	200万元/年（报销型）

方案分析：方案三可以看作是方案一和方案二的组合增强版，重疾险采用定期+终身的组合方式，把孩子30周岁前的保额做到了100万元（见表3-5、表3-6）。另外，方案三中的终身重疾带有一定的储蓄性质，18周岁后身故可以返还保额、现金价值、已交保费三者的较大值。既满足了保障的需求，又解决了“保险不赔就亏了”的问题。方案三适合家庭保费预算中等偏上（3万～5万元）的人群。

- 方案四：预算10000元

表3-7　预算10000元的保险方案（0岁男宝）

类别	产品名称	基本保额（万元）	保险期间	交费年限（年）	年交保费（元）	主要保障内容
意外	意外险B	20	1年	1	628	①意外身故/伤残20万元； ②意外医疗2万元，含特需/国际/私立（限8000元），含社保外医疗； ③全球保障
医疗	医疗险C	100	1年	1	2631	①住院报销：100万元，0免赔，100%报销（含自费医疗项目）； ②门诊报销：不包含一般门诊，特殊门诊全额报销； ③部分医院费用保险公司可直付，本人无须交费 （提示：医院范围为中国境内的公立医院普通部+特需部+国际部+指定私立医疗机构）

续表

类别	产品名称	基本保额（万元）	保险期间	交费年限（年）	年交保费（元）	主要保障内容
重疾	重疾险D	50	至70周岁	30	1341	①轻症35种，赔付15万元，最多赔3次；中症20种，赔付25万元，最多赔2次；重疾100种，赔付50万元，赔1次； ②身故赔付已交保费； ③患轻症/中症理赔后，后期未交保费免交
	重疾险E	50	终身	20	5850	①轻症40种，赔付15万元，最多赔3次；中症20种，赔付25万元，最多赔3次；重疾100种，不分组，赔付50万元，最多赔3次； ②18周岁前身故/全残赔付3倍已交保费，18周岁后身故/全残赔付50万元； ③患轻症/中症/重疾理赔后，后期未交保费免交
年交保费					10450	

表 3–8　各保障项目的保险金额

保障内容	赔付保额
重疾保障	100万元（70周岁前） 50万元（70周岁后）
意外身故	10万元～79.25万元（70周岁前） 70万元（70周岁后）
疾病身故	1.89万元～59.25万元（70周岁前） 50万元（70周岁后）
医疗保障	100万元（报销型）

方案分析：方案四是方案三的进阶版，其中，意外险可保障全球，意外医疗就医条件更优；医疗险升级为中端医疗，可赴公立医院特需/国际部就医；重疾险为定期+终身的组合，

相比于方案三，100万元保额的保障可以持续到孩子70周岁（见表3-7、表3-8）。方案四适合家庭保费预算较高（5万元以上）的人群。

方案升级建议

除了上述方案，还可以根据需求对方案进行补充、升级，以下是三个小建议：

（1）专项保险。

如果对特定疾病比较关注的话，可以再附加相应的产品进行叠加保障。例如高高之前测了出租屋的甲醛，竟然是刚装修好的新家的两倍，因此毫不犹豫地给宝宝加保了一份白血病专项保险（见表3-9），只需要一次性交955元，如果孩子在25周岁前得了白血病，立刻可以得到50万元的赔付。

表3-9　某白血病专项保险方案（0岁男宝）

类别	产品名称	基本保额（万元）	保险期间	交费年限	年交保费（元）	主要保障内容
专项疾病保险	白血病保险A	50	至25周岁	趸交	955	① 轻症白血病（Binet分期方案A期程度的慢性淋巴细胞白血病）：赔付15万元，只赔付1次； ② 白血病：赔付50万元，赔付后合同终止

（2）海外重症医疗。

都说美国、日本等国家的医疗条件好，癌症治愈率高。如果真是自己的孩子不幸患上重症，相信大家都会不顾一切，砸锅卖铁，希望能得到世界上最好的治疗。海外重症医疗险就是为这个需求设计的。一年490元，保额600万元，万一不幸患上六种重症，可以赴海外顶尖医疗机构治疗，医疗费、交通、住宿、翻译、归国药费等都有保障。虽然发病概率低，但万一孩子发生了不幸，赴海外治疗可能会有新的希望（见表3-10）。

表 3-10　海外重症医疗保险方案（0 岁男宝）

类别	产品名称	基本保额（万元）	保险期间（年）	交费年限（年）	年交保费（元）	主要保障内容
海外重症医疗	医疗险D	600	1	1	490	① 癌症治疗、心脏搭桥手术、心脏瓣膜置换和修复手术、神经外科手术、活体器官移植、骨髓移植等六种疾病海外治疗相关费用，限额600万元； ② 可选择美国、德国、日本、瑞士、新加坡等国家，赴全球顶尖医疗机构治疗（医疗费用由保险公司支付，无须客户垫付），享受全球顶级的医疗资源，提供医院预约、翻译、签证、行程安排服务； ③ 住院津贴600元/天（限60天）； ④ 保险公司支付被保险人和1名陪同者（和器官捐赠者）往返交通费及住宿费（经济舱/硬卧/二等座，5星级双人房）； ⑤ 归国药费报销额度30万元

（3）百万医疗的最佳搭档。

市面上的百万医疗绝大多数都有1万元的免赔额，也正是因为有较高的免赔额，所以保费才这么便宜。有的宝爸宝妈觉得孩子因为小毛病去医院就医的概率更高，百万医疗免赔额这么高，很可能都用不上，1万元免赔的部分怎么通过保险进行保障呢？

建议可以搭配一个小额的住院医疗，保额1万元就行，保费也不会太高（见表3-11）。

表 3-11　百万医疗搭配投保参考方案（0 岁男宝）

类别	产品名称	基本保额（万元）	保险期间（年）	交费年限（年）	年交保费（元）	主要保障内容
小额医疗	医疗险 E	1	1	1	690	住院医疗费用报销限额 1 万元，0 免赔，100% 报销，不限社保（提示：医院范围为中国境内二级及以上公立医院普通部）

以上方案只作为示例，因为每一个家庭的情况不同，大家可以参考上述方案的配置思路，根据自己的需求制作最适合自己的方案。

14. 怎么给老人做保险方案

身边朋友问得最多的，除了儿童保险，就是老人保险了。因为大部分孩子身体都很健康，所以儿童保险相对简单一些。但老人就比较复杂了，年龄段、身体健康状况、财务状况等因素都会影响保险配置。

理性来说，给老人买保险，经济上的意义自然是能覆盖一定的风险（如意外、癌症等），减轻家庭的经济负担。但总体而言，老人保险杠杆率不算高，经济意义并不突出。个人觉得，其心理意义更大于经济意义。

其一，让老人感觉到你的孝顺和付出。

其二，让老人内心更有安定感。

其三，让老人不幸得了重病能治疗得更坦然。

本小节跟大家分享老人保险方案，希望能给大家提供一些参考。

配置对象

50岁以上的老人。

配置难点

老人年轻时大多没有保险意识，等到现在想买了，却发现不是因为疾病买不了，就是保费太高了不划算，想给老人挑个保障全面、价格合适的保险产品真是不容易。

给老人配置保险主要有以下四个难点（见图3-3）：

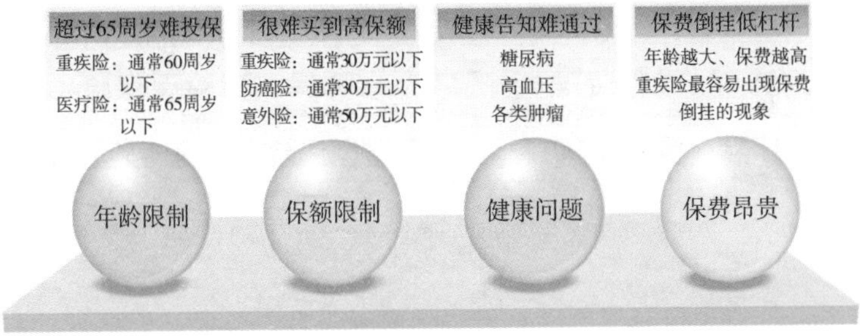

图3-3　老人买保险的四大困境

（1）年龄限制：大部分的险种对投保年龄都有限制，像重疾险、医疗险，超过65周岁基本没有适合产品。

（2）保额限制：随着年龄的增长，患病及发生意外的风险加大，保险公司为了降低风险，对老年人可投保的保额进行限制，年龄越大，能买到的保额越少。

（3）健康告知难通过：老人奋斗了大半辈子，或多或少患有一些疾病或者出现体检异常项目，比如三高、乙肝小三阳、心脑血管问题等，这些健康问题都会影响投保。不能通过产品健康告知的话，就无法投保了。

（4）保费昂贵：年龄越大，保费越高。例如重疾险，如果年龄超过55周岁，就很可能出现保费倒挂（总保费>保额）的情况了。此外，遵循先保障家庭经济支柱，后保障老人/小孩的投保原则，很多家庭留给老人的预算其实并不多。

老人可以买的保险

因为各种限制，所以老人能购买的产品其实很少。综合来看，老人保险的推荐配置顺序为：医保，保障型保险（意外险、医疗险、重疾险/防癌险），理财型保险（终身寿险、养老年金等）。

- 意外险

因为老年人上了年纪，身体的各项机能逐渐退化，发生摔倒、磕伤、烫伤等意外的概率较大，并且意外险保费低、杠杆高，一般对身体健康条件无要求，购买门槛低，建议老人优先配置。

- 医疗险

一般的医疗险，健康告知通常比较严格，如果老人有高血压、糖尿病等健康问题时就会很难投保，并且大部分医疗险的投保年龄上限为60周岁，少数为65周岁。所以，如果老人的年纪较大或者身体异常指标较多，可以考虑防癌医疗险。

防癌医疗险只报销癌症治疗相关的费用，健康告知比较宽松，一般只要没有不明性质的结节、肿物，肿瘤标志物偏高等癌症相关异常指标，都可以投保。

- 重疾险

都说给老人买重疾险难。首先，要求老人的身体健康状况不错，能通过健康告知是大前提。其次，要有一定的预算，因为对老人来说，重疾险还是比较贵的。如果老人年龄在55周岁以下，身体比较健康，希望拥有重疾保障，高高建议购买消费型重疾险或者定期重疾险。55周岁是大多数重疾险最后的投保机会，消费型重疾险主要保障疾病，保费比返还型便宜，保障定期时，保费又能进一步降低。

- 防癌险

防癌险主要保障恶性肿瘤，如果罹患恶性肿瘤，则保险公司会给付一笔保险金，可以看作是重疾险的“缩小版”，因为保障范围更小，所以保费比重疾险便宜。与防癌医疗险类似，防癌险的健康告知也是比较宽松的，通常有高血压、糖尿病、心脑血管疾病等都还可以投保。适合年龄较大、预算中等、身体有些小问题的老人。

- 年金险

养老金是年金险的一种特殊形式，被保险人在交纳了一定的保险费以后，就可以从一定的年龄（如60周岁、65周岁等）开始领取养老金。

年金险属于理财型保险，是资产配置的一种重要工具，是社保养老金的有力补充。既能有效分散投资风险，又能获得安全稳健的现金流。一般情况下，建议在配置完保障型保险后再买年金。当然，如果老人有一笔富余资金，希望获得安全、稳健的收益，预防长寿风险，或者希望通过保险进行资产隔离和财富传承，是可以考虑投保年金险的（具体可参考本书第9小节“年金保险指南”）。

不同预算方案示例

接下来，高高就手把手教大家如何用不同的预算给老人配置保险。以下方案均以55岁女性为例。

● 方案一：预算1000元

表 3-12　预算 1000 元的保险方案（55 岁女性）

类别	产品名称	基本保额（万元）	保险期间（年）	交费年限（年）	年交保费（元）	主要保障内容
意外	意外险A	10	1	1	140	① 意外身故/伤残10万元； ② 意外医疗2万元，不限社保
医疗	医疗险B	200	1	1	999	① 住院报销：100种重疾400万元，0免赔，其他疾病200万元，1万元免赔； ② 门诊报销：住院前后门急诊、特殊门诊、门诊手术； ③ 可申请住院垫付，出院报销； ④ 6年保证续保 （提示：医院范围为中国境内二级及以上公立医院普通部）
年交保费					1139	

表 3-13　各保障项目的保险金额

保障内容	赔付保额
重疾保障	0万元
意外身故	10万元
疾病身故	0万元
医疗保障	200万元/年（报销型）

方案分析：在这种预算比较少的情况下，长期的险种先不考虑，先保障当前（见表3-12、表3-13）。可以考虑给老人配置意外险+医疗险/防癌医疗险。身体情况比较好，就选择普通医疗险；身体比较差一些或者年龄超过65周岁了，就尝试防癌医疗险。

• 方案二：预算4000元

表 3-14 预算 4000 元的保险方案（55 岁女性，身体较好）

类别	产品名称	基本保额（万元）	保险期间	交费年限	年交保费（元）	主要保障内容
意外	意外险A	10	1年	1年	140	① 意外身故/伤残10万元； ② 意外医疗2万元，不限社保
医疗	医疗险A	300	1年	1年	1106	① 住院报销：100种重疾报销限额600万元，0免赔，其他疾病报销限额300万元，1万元免赔； ② 门诊报销：住院前后门急诊、特殊门诊、手诊手术； ③ 可申请住院垫付，出院报销； ④ 重疾就医绿色通道服务 （提示：医院范围为中国境内二级及以上公立医院普通部）
重疾	重疾险G	20	至70周岁	至70周岁	2390	① 轻症50种，赔付5万元；重疾100种，赔付20万元； ② 患轻症理赔后，后期未交保费免交
年交保费					3636	

表 3-15 各保障项目的保险金额

保障内容	赔付保额
重疾保障	20万元（70周岁前）
意外身故	10万元
疾病身故	0万元
医疗保障	300万元/年（报销型）

方案分析：预算中等，可以组合短期保障和长期保障（见表

3-14、表3-15)。如果身体很健康，就可以参考此方案，选择意外险+医疗险+定期重疾险。

如果身体比较差一些或者年龄太大，普通的医疗险和重疾险都买不上了，则可以考虑意外险+防癌医疗险+定期防癌险，参考方案如下(见表3-16、表3-17):

表3-16 预算4000元的保险方案(55岁女性，身体较差)

类别	产品名称	基本保额(万元)	保险期间	交费年限(年)	年交保费(元)	主要保障内容
意外	意外险A	10	1年	1	140	① 意外身故/伤残10万元； ② 意外医疗2万元，不限社保
医疗	医疗险F	200	1年	1	410	① 癌症确诊&治疗费用0免赔，报销限额200万元/年，100%报销； ② 患原位癌还可续保
重疾	防癌险A	20	至80周岁	10	4016	① 原位癌赔付4万元，癌症赔付20万元； ② 患原位癌理赔后，后期未交保费免交
年交保费					4566	

表3-17 各保障项目的保险金额

保障内容	赔付保额
癌症保障	20万元(80周岁前)
意外身故	10万元
疾病身故	0万元
医疗保障	200万元/年(报销型，针对癌症)

• 方案三：预算10000元

表3-18 预算10000元的保险方案（55岁女性）

类别	产品名称	基本保额（万元）	保险期间	交费年限（年）	年交保费（元）	主要保障内容
意外	意外险C	20	1年	1	300	① 意外身故/伤残20万元； ② 意外医疗2万元，不限社保
医疗	医疗险F	200	1年	1	410	① 癌症确诊&治疗费用0免赔，报销限额200万元/年，100%报销； ② 患原位癌还可续保
重疾	防癌险A	20	至80周岁	10	4016	① 原位癌赔付4万元，癌症赔付20万元； ② 患原位癌理赔后，后期未交保费免交
	防癌险B	20	终身	20	5994	① 原位癌赔付10万元，癌症赔付20万元； ② 身故/全残赔已交保费和现金价值的较大值； ③ 患原位癌理赔后，后期未交保费免交
年交保费					10720	

表3-19 各保障项目的保险金额

保障内容	赔付保额
癌症保障	40万元（80周岁前） 20万元（80周岁后）
意外身故	20万元
疾病身故	0.6万元～11.99万元
医疗保障	200万元/年（报销型，针对癌症）

方案分析：预算较高，可以组合短期保障和终身保障（见表

3-18、表3-19）。如果身体很健康，可以考虑意外险＋医疗险＋定期/终身重疾险。如果身体比较差一些或者年龄太大，普通的医疗险和重疾险都买不上了，则可以考虑意外险＋防癌医疗险＋定期/终身防癌险。

最后，需要说明的是，以上参考方案仅作为保险规划的一种思路参考。高高给家里老人的保险也是按照这个思路进行配置的，但是，因为老人身体情况不同、风险需求不同，不代表这些方案就是最优组合，能适合所有人，大家还是需要结合自身具体情况进行综合设计哦。

15. 怎么给成人做保险方案

成人保险方案配置思路

同样遵循先保障、后理财的基本原则，涉及险种主要包括：保障型（意外险、医疗险、定期寿险、重疾险/防癌险），理财型（终身寿险、年金险等）。

● 意外险

成人因经济责任比较重，需重点关注意外伤害身故/伤残的保额一定要高。意外险本就是高杠杆产品，买100万元保额也就几百元。

- 医疗险

一般情况下，成人可以买普通的百万医疗险，主要针对大额住院医疗费用的风险。如果对就医条件有较高要求，再考虑中高端医疗险。

- 定期寿险

定期寿险以人的寿命为标的，无论因疾病还是意外身故，保险公司会赔付一笔钱（保额），可理解为“身价险”。成人是家里的经济支柱，如果不幸离开，家庭经济会遭受巨大的损失和压力。因此，家庭经济支柱需要身故保障。定期寿险因为只保障定期（20年、30年、至60周岁等），保费很便宜，每年几百、几千元，就能获得上百万元的保障，杠杆很高。一般建议定期寿险的保额能达到个人年收入的10倍，这样万一不幸离开了，能给家人留下10年的缓冲时间。保障期限建议能到退休时。

- 重疾险

不幸患病可以得到一笔保险金，可用于治疗、康复及弥补收入损失。重疾的保额最好能达到50万元，或是覆盖2～3年的收入损失。

- 防癌险

如果身体异常指标较多，无法投保重疾险，也可以退而求其次选择防癌险。此外，如果家庭中有癌症史或者对癌症比较关注的话，也可以考虑在配置重疾险的同时，增加防癌险保障。

- 终身寿险

如果收入较高，或者有资产传承需求，可以考虑投保终身寿险。

- 年金保险

当保障型保险已经配置全面，剩余一笔闲置资金，希望通过保险获得安全、稳健的收益，规划教育/养老等，或者经营企业，希望通过保险进行资产隔离和财富传承，那么可以考虑投保年金保险。一般情况下，家庭总保费预算在5万元以下时，不太建议考虑年金等理财型保险。

不同预算方案示例

以30岁男性为例，制作以下四个方案，供大家参考。

- 方案一：预算3000元

表 3-20　预算 3000 元的保险方案（30 岁男性）

类别	产品名称	基本保额（万元）	保险期间	交费年限（年）	年交保费（元）	主要保障内容
意外	意外险D	50	1年	1	125	① 意外身故/伤残50万元； ② 意外医疗5万元，限社保内医疗

续表

类别	产品名称	基本保额（万元）	保险期间	交费年限（年）	年交保费（元）	主要保障内容
医疗	医疗险B	200	1年	1	229	① 住院报销：100种重疾报销限额400万元，0免赔，其他疾病报销限额200万元，1万元免赔； ② 门诊报销：住院前后门急诊、特殊门诊、门诊手术； ③ 可申请住院垫付，出院报销； ④ 6年保证续保 （提示：医院范围为中国境内二级及以上公立医院普通部）
定寿	定期寿险A	100	20年	20	820起	20年内身故/全残赔付100万元
重疾	重疾险D	30	至70周岁	30	1989	① 轻症35种，赔付9万元，最多赔3次；中症20种，赔付15万元，最多赔2次；重疾100种，赔付30万元，赔1次； ② 患轻症/中症理赔后，后期未交保费免交
年交保费					3163	

表 3–21　各保障项目的保险金额

保障内容	赔付保额
重疾保障	30万元（70周岁前）
意外身故	150万元（50周岁前） 50万元（50周岁后）
疾病身故	100万元（50周岁前）
医疗保障	200万元/年（报销型）

方案分析：方案一是精打细算的配置，3000元的预算，做了较为基础但险种覆盖全面的保障，以定期为主，后续还可以根

据需要进行补充（见表3-20、表3-21）。适合预算较少的群体。

- 方案二：预算8000元

表 3-22　预算 8000 元的保险方案（30 岁男性）

类别	产品名称	基本保额（万元）	保险期间	交费年限（年）	年交保费（元）	主要保障内容
意外	意外险D	50	1年	1	125	① 意外身故/伤残50万元； ② 意外医疗5万元，限社保内医疗
医疗	医疗险A	300	1年	1	306	① 住院报销：100种重疾600万元，0免赔，其他疾病300万元，1万元免赔； ② 门诊报销：住院前后门急诊、特殊门诊、门诊手术； ③ 可申请住院垫付，出院报销； ④ 重疾就医绿色通道服务 （提示：医院范围为中国境内二级及以上公立医院普通部）
定寿	定期寿险A	100	至60周岁	30	1280起	60周岁内身故/全残赔付100万元
重疾	重疾险B	50	终身	30	6220	① 轻症35种，赔付12.5万元，最多赔3次；重疾80种，赔付50万元（轻症赔付后保额增长，最高65万元）； ② 身故赔付现金价值； ③患轻症理赔后，后期未交保费免交
年交保费					7931	

表 3-23　各保障项目的保险金额

保障内容	赔付保额
重疾保障	50万元～65万元
意外身故	150.07万元～167.49万元（60周岁前） 68.14万元～97.39万元（60周岁后）
疾病身故	100.07万元～117.49万元（60周岁前） 18.14万元～47.39万元（60周岁后）

续表

保障内容	赔付保额
医疗保障	300万元/年（报销型）

方案分析：相对于方案一，方案二中的定寿保障期限延长至60周岁，重疾险保额更高且保障终身（见表3-22、表3-23）。适合预算中等的群体。

- 方案三：预算15000元

表 3-24　预算 15000 元的保险方案（30 岁男性）

类别	产品名称	基本保额（万元）	保险期间	交费年限（年）	年交保费（元）	主要保障内容
意外	意外险E	100	1年	1	299	① 意外身故/伤残50万元； ② 意外医疗5万元，不限社保
医疗	医疗险G	300	1年	1	371	① 住院报销：100种重疾600万元，0免赔，其他疾病300万元，1万元免赔； ② 门诊报销：住院前后门急诊、特殊门诊、门诊手术； ③ 癌症给付3万元慰问金； ④ 住院费用直付，无须事后报销 （提示：医院范围为中国境内二级及以上公立医院普通部）
定寿	定期寿险B	200	至60周岁	30	3020	60周岁内身故/全残赔付200万元
重疾	重疾险H	60	终身	30	10284	① 轻症40种，赔付18万元，最多赔3次；中症25种，赔付30万元，最多赔2次；重疾108种，赔付60万元起（最高72万元），最多赔6次； ② 身故/全残/疾病终末期赔付60万元； ③ 患轻症/中症/重疾理赔后，后期未交保费免交
年交保费					13974	

表 3-25　各保障项目的保险金额

保障内容	赔付保额
重疾保障	60万元～72万元
意外身故	360万元（60周岁前） 160万元（60周岁后）
疾病身故	260万元（60周岁前） 60万元（60周岁后）
医疗保障	300万元/年（报销型）

方案分析：方案三中，意外、定寿、重疾的保额都增加了；重疾选择多次赔付型，身故也能赔付保额，保障更加充足（见表3-24、表3-25）。适合预算中等偏上的群体。

- 方案四：预算30000元

表 3-26　预算 30000 元的保险方案（30 岁男性）

类别	产品名称	基本保额（万元）	保险期间	交费年限（年）	年交保费（元）	主要保障内容
意外	意外险B	100	1年	1	1288	① 意外身故/伤残100万元； ② 意外医疗5万元，含特需/国际/私立（限1.5万元），含社保外医疗； ③ 全球保障
医疗	医疗险C	100	1年	1	2756	① 住院报销：100万元，0免赔，100%报销（含自费医疗项目）； ② 门诊报销：不包含一般门诊，特殊门诊全额报销； ③ 部分医院费用保险公司可直付，本人无须交费 （提示：医院范围为中国境内的公立医院普通部+特需部+国际部+指定私立医疗机构）

续表

类别	产品名称	基本保额（万元）	保险期间	交费年限（年）	年交保费（元）	主要保障内容
定寿	定期寿险B	300	至60周岁	30	4530	60周岁内身故/全残赔付300万元
重疾	重疾险C	100	终身	30	19990	① 轻症35种，赔付45万元，最多赔付4次；中症20种，赔付60万元，最多赔付2次；重疾106种，赔付100万元起，保额有增长（最高150万元），最多赔6次； ② 癌症、原位癌额外赔付2次； ③ 身故/疾病终末期赔付max{100万元，现金价值，已交保费}； ④ 患轻症/中症/重疾理赔后，后期未交保费免交
年交保费					28564	

表 3-27　各保障项目的保险金额

保障内容	赔付保额
重疾保障	100万元～150万元
意外身故	500万元起（60周岁前） 200万元起（60周岁后）
疾病身故	400万元起（60周岁前） 100万元起（60周岁后）
医疗保障	100万元/年（报销型）

方案分析：方案四中，意外、医疗的保障升级了，就医条件更优、保障覆盖范围更广；定寿的保额进一步提高；重疾险依旧为多次赔付型，身故可赔付保额，带有一定的储蓄性质，基本保额提高至100万元（见表3-26、表3-27）。方案四适合预算较高的群体。

在方案三及方案四中，若想加大重疾险的杠杆，也可适当减少终身重疾的保额，增加一些定期重疾险。以上方案只作为示例，因为每一个家庭的情况不同，可以参考上述方案的思路，根据自己的需求制作最适合自己的方案哦。

16. 年收入15万～25万元的家庭，3种保险方案

考虑到很多读者都是刚有宝宝的年轻人，保险意识萌发，所以以年收入15万～25万元的三个家庭为例，从风险识别、需求分析、方案配置等方面，分享如何配置高性价比的家庭保险方案。虽然各个家庭的收入及负债、支出等情况不同，但面临的风险是比较类似的，高高也建议一般家庭都要配齐全面的保障型产品，主要包括以下四种（见表3-28）:

表3-28 一般家庭需要的四大类保障型保险

类型	意外险	重疾险	定期寿险	医疗险
主要保障内容	意外伤害身故/伤残，意外医疗	重疾、轻症、身故等	身故/全残	报销医疗费用
保障期间	通常为1年期	建议选择长期	定期（如20年，保至60周岁等）	通常为1年期
产品特点	保费低、保额高	给付型，可弥补收入损失，保障期内保证续保	给付型，高杠杆，保障期内保证续保	保费低、保额高
配置对象	所有家庭成员	所有家庭成员	家庭经济支柱	所有家庭成员

以下三个家庭均为年收入15万～25万元的五口之家，夫妻均为30周岁，孩子为0周岁女宝，父母均为55周岁。

A家庭

● 基本情况

夫妻双方生活在二线城市，太太全职在家照顾孩子，主要的经济来源是先生的工作收入。老人在老家帮二儿子照顾孩子，无收入，身体还不错。A家庭年收入25万元，家中有房贷10万元/年，还需还贷25年，日常生活开支8万元/年（见图3-4）。

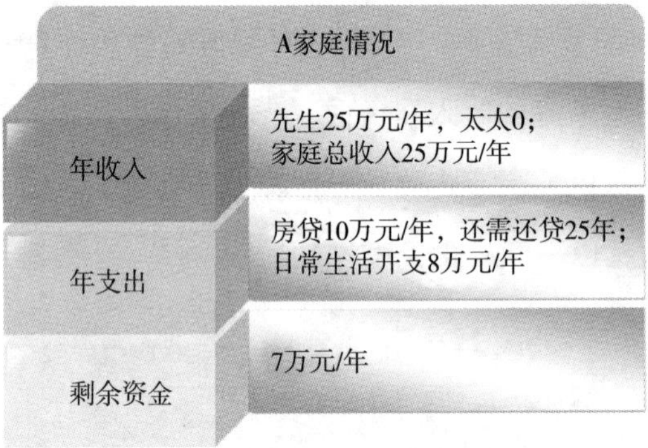

图3-4　A家庭收入、支出情况

● 风险、需求分析

风险：因目前家庭的经济主力是先生一个人，所以主要的风险在于先生一旦身故/重疾，家庭收入来源就会受到严重影响。此外，一旦太太、孩子或老人发生疾病，也会给家庭经济增加不少负担。

需求：夫妻两人认为目前负债比较重，扣除还贷及生活开支，每年仅剩余7万元，希望能“花小钱、办大事”，给家人把保障配全，追求产品性价比。

- 具体方案参考（见表3–29）

表 3–29　A 家庭保险方案参考

类别	产品名称	基本保额（万元）	保险期间	交费年限	年交保费（元）	主要保障
意外	意外险E	100	1年	1年	先生：299	①意外身故/伤残50万元； ②意外医疗5万元，不限社保
意外	意外险D	50	1年	1年	太太：125	① 意外身故/伤残50万元； ② 意外医疗5万元，限社保内医疗
	意外险A	10	1年	1年	孩子&老人：140×3	① 意外身故/伤残10万元； ② 意外医疗2万元，不限社保
医疗	医疗险A	300	1年	1年	夫妻：316×2 孩子：816 老人：1106×2	① 住院报销：100种重疾报销限额600万元，0免赔，其他疾病报销限额300万元，1万元免赔； ② 门诊报销：住院前后门急诊、特殊门诊、门诊手术； ③ 可申请住院垫付，出院报销； ④ 家人共享1万元免赔额 （提示：医院范围为中国境内二级及以上公立医院普通部）
定寿	定期寿险B	250	至60周岁	30年	先生：3775	60周岁前身故/全残赔付250万元
		50	至60周岁	30年	太太：410	60周岁前身故/全残赔付50万元

续表

类别	产品名称	基本保额（万元）	保险期间	交费年限	年交保费（元）	主要保障
重疾	重疾险B	50	终身	30年	先生：6220	① 轻症35种，赔付12.5万元，最多赔3次；重疾80种，赔付50万元（轻症赔付后保额增长，最高65万元）； ② 身故赔付现金价值； ③ 患轻症理赔后，后期未交保费免交
	重疾险G	50	至60周岁	至60周岁	先生：2190	① 轻症50种，赔付12.5万元；重疾100种，赔付50万元； ② 患轻症理赔后，后期未交保费免交
		20	至70周岁	至70周岁	老人：4000（男）2390（女）	① 轻症50种，赔付5万元；重疾100种，赔付20万元； ② 患轻症理赔后，后期未交保费免交
重疾	重疾险D	50	至70周岁	30年	太太：3034	① 轻症35种，赔付15万元，最多赔3次；中症20种，赔付25万元，最多赔2次；重疾100种，赔付50万元，赔1次； ② 患轻症/中症理赔后，后期未交保费免交
	重疾险I	80	30年	20年	孩子：1099	① 轻症50种，赔付24万元，最多赔3次；重疾100种，赔付80万元起（保额递增，最高130万元）；12种少儿特疾，18周岁前额外赔付80万元； ② 身故赔付已交保费； ③ 患轻症理赔后，后期未交保费免交； ④ 投保人豁免
总计					27622	

方案配置思路：

（1）先生：收入高，是家庭唯一的经济支柱，所以身故/重疾的保额都要尽量高。意外险保额选择100万元；重疾险通过定期+终身的组合也达到了100万元；定期寿险保额按照10倍年收入估算，保额250万元，保障至退休年龄；医疗险选择性价比高、家人可共享免赔额的百万医疗险。

（2）太太：无直接收入，但若其身故/重疾，治疗疾病需要费用；家中无人照顾宝宝，也会增加其他费用，所以也适当配置了定期寿险；不过各项保障的保额比先生低。因太太保费支付能力弱，所以重疾险投保人为先生，并增加投保人豁免。

（3）孩子：无收入，身故赔付保额不用太高（且受国家规定限制），但孩子发生烫伤等小意外多，意外医疗选择了包含社保外的产品。因家庭整体负债较高，孩子重疾险选择保30年，不过保额较高。之后如果经济好转或者孩子独立后，可再附加保障时间更长的产品。

（4）老人：无收入，身故赔付保额不用太高（多数产品对老人能投的保额有上限），意外险选择了和孩子同一款产品，意外医疗不限社保用药；老人身体还不错，一起选择投保百万医疗险和重疾险，但考虑到老人买重疾险保费较高，所以选择保至70周岁的消费型重疾险，更具性价比。

B家庭

● 基本情况

夫妻双方生活在二线城市，都在体制内，两个老人帮忙照顾孩子（无其他收入），先生和太太的年收入各10万元，家中有房贷8万元/年，还需还贷25年，生活开支6万元/年（见图3-5）。

● 风险、需求分析

风险：夫妻双方均为家庭经济支柱，其身故/重疾是家庭主要风险，此外，如果孩子或老人发生疾病，家庭经济负担也会加重。

需求：夫妻两人认为目前负债比较重，扣除还贷及生活开支后，每年仅剩余6万元，虽然体制内单位保障及福利还可以，但还是有缺口，倾向保障终身。

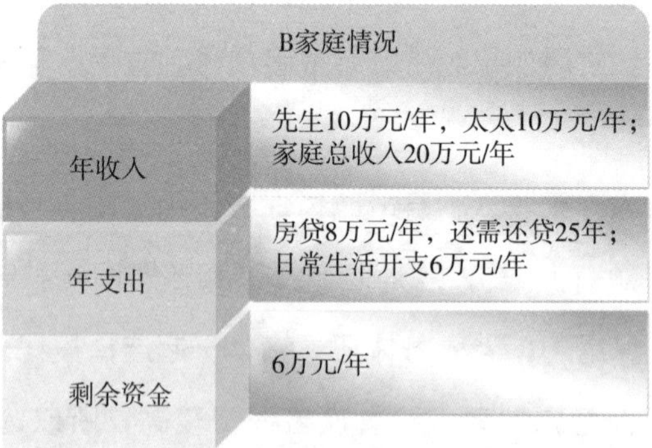

图 3-5 B 家庭收入、支出情况

- 具体方案参考（见表3-30）

表 3-30　B 家庭保险方案参考

类别	产品名称	基本保额（万元）	保险期间	交费年限（年）	年交保费（元）	主要保障
意外	意外险D	50	1年	1	夫妻：125×2	①意外身故/伤残50万元；②意外医疗5万元，限社保内医疗
	意外险A	10	1年	1	孩子：140	①意外身故/伤残10万元；②意外医疗2万元，不限社保
	意外险C	20	1年	1	老人：300×2	①意外身故/伤残20万元；②意外医疗2万元，不限社保
医疗	医疗险B	200	1年	1	夫妻：229×2 孩子：588 老人：999×2	①住院报销：100种重疾报销限额400万元，0免赔，其他疾病报销限额200万元，1万元免赔； ②门诊报销：住院前后门急诊、特殊门诊、门诊手术； ③可申请住院垫付，出院报销； ④6年保证续保 （提示：医院范围为中国境内二级及以上公立医院普通部）
定寿	定期寿险A	100	至60周岁	30	先生：1280 太太：690	60周岁前身故/全残赔付100万元
重疾	重疾险J	50	终身	30	先生：8094 太太：6985 孩子：2604	①轻症35种，赔付10万元，最多赔3次；重疾80种，赔付50万元； ②18周岁前身故赔付已交保费，18周岁后身故赔付50万元； ③患轻症理赔后，后期未交保费免交
总计					23687	

方案配置思路：

（1）先生/太太：两人均为家庭经济支柱，情况相同，配置方案相同，均为高性价比产品。根据倾向，重疾保障终身，保额为50万元；定寿保额为年收入的10倍，100万元，保至60周岁，60周岁之后的身故保障由重疾险承担。

（2）孩子：与A家庭类似，只是重疾险选择保障终身的产品。

（3）老人：因为家庭收入不多，有一定的负债，所以只给老人配置了比较基础的意外险和医疗险。

C家庭

• 基本情况

夫妻双方生活在三四线城市，两人都有工作，老人帮忙照看孩子（无其他收入），老人身体不太好。先生的年收入8万元，太太的年收入7万元，生活开支6万元/年，家中很少负债（见图3-6）。

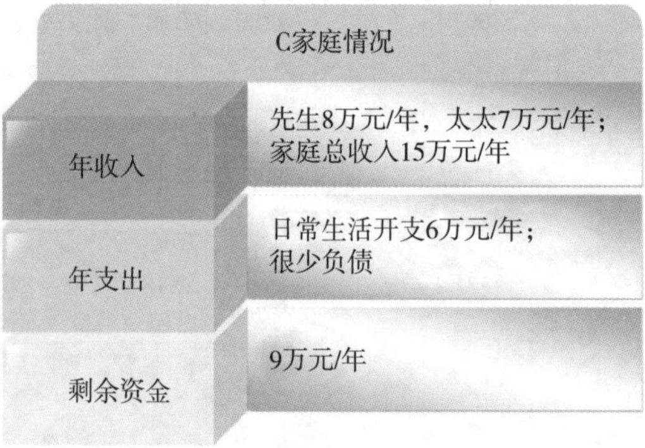

图 3-6　C 家庭收入、支出情况

• 风险、需求分析

风险：夫妻两人的收入相对较低，若家庭成员不幸罹患重疾/身故，巨额的医疗费用支出或收入损失将把家庭带入困境。

需求：夫妻两人债务压力小，在小城市里开销也不大，一年的收入可以剩余9万元，但是生活的地方医疗资源相对较落后，万一罹患重疾，希望能够有较好的医疗服务，倾向选择大公司的产品。

• 具体方案参考（见表3-31）

表3-31　C家庭保险方案参考

类别	产品名称	基本保额（万元）	保险期间	交费年限（年）	年交保费（元）	主要保障
意外	意外险D	50	1年	1	夫妻：125×2	① 意外身故/伤残50万元； ② 意外医疗5万元，限社保内医疗
	意外险A	10	1年	1	孩子&老人：140×3	① 意外身故/伤残10万元； ② 意外医疗2万元，不限社保
医疗	医疗险I	200	1年	1	夫妻：366×2 孩子：1096	① 住院报销：1万元免赔，癌症报销限额400万元，其他疾病报销限额200万元； ② 门诊报销：住院前后门急诊、特殊门诊、门诊手术； ③ 恶性肿瘤给付1万元慰问金； ④ 6年保证续保 （提示：医院范围为中国境内二级及以上公立医院普通部）
	医疗险D	200	1年	1	老人：410×2	① 癌症确诊&治疗费用0免赔，报销限额200万元/年，100%报销； ② 患原位癌还可续保

续表

类别	产品名称	基本保额（万元）	保险期间	交费年限（年）	年交保费（元）	主要保障
定寿	定期寿险C	80	至60周岁	30	先生：1312	60周岁前身故/全残赔付80万元
		70	至60周岁	30	太太：616	60周岁前身故/全残赔付70万元
重疾	重疾险K	30	终身	20	先生：7470 太太：6600	① 轻症22种，赔付6万元，最多赔3次；重疾60种，赔付30万元； ② 身故赔付30万元； ③ 患轻症理赔后，后期未交保费免交
		40	终身	20	孩子：3400	① 轻症22种，赔付8万元，最多赔3次；重疾60种，赔付40万元； ② 18周岁前身故赔付已交保费，18周岁后身故赔付40万元； ③ 患轻症理赔后，后期未交保费免交
总计					22716	

方案配置思路：

（1）先生/太太：两人均为家庭经济支柱，情况类似，方案基本相同。因倾向好的医疗服务及大公司，所以方案中产品以大公司为主。其中，重疾险有较好的绿通服务。因夫妻两人收入相对较低，所以重疾险及定期寿险保额也有适当调整。

（2）孩子：配置意外险+医疗险+重疾险，其中重疾险考虑保费、理赔发生时间因素等，保额比父母略高。

（3）老人：因老人身体健康问题较多，买不了普通的医疗险，因此选择了防癌医疗险。

三个家庭方案对比评估

三个家庭的总体情况及累计获得的保障如表3-32所示。

表 3-32　三个家庭总体情况以及保障对比

		A家庭（高负债小康，男主外，女主内）	B家庭（高负债小康，双职工）	C家庭（低负债小康，双职工）
经济情况	年收入	先生：25万元 太太：0元	先生：10万元 太太：10万元	先生：8万元 太太：7万元
	家庭年支出	还贷：10万元 生活：8万元	还贷：8万元 生活：6万元	还贷：0元 生活：6万元
	剩余资金	7万元	6万元	9万元
消费倾向		高性价比、保障全	预算有限、保终身	大公司、医疗资源
保障内容	重疾保障	先生：100万~115万元（60周岁前） 50万~65万元（60周岁后） 太太：50万元（70周岁前） 孩子：80万~210万元（30周岁前） 老人：20万元×2（70周岁前） 家庭最高总额：415万元	先生：50万元 太太：50万元 孩子：50万元 老人：0 家庭最高总额：150万元	先生：30万元 太太：30万元 孩子：40万元 老人：0 家庭最高总额：100万元
	疾病身故	先生：250.07万~267.49万元（60周岁前） 18.14万~47.39万元（60周岁后） 太太：50万元（60周岁前） 孩子：0.1万~2.2万元（30周岁前） 老人：0 家庭最高总额：319.69万元	先生：150万元（60周岁前） 50万元（60周岁后） 太太：150万元（60周岁前） 50万元（60周岁后） 孩子：0.26万~4.43万元（18周岁前） 50万元（18周岁后） 老人：0 家庭最高总额：350万元	先生：110万元（60周岁前） 30万元（60周岁后） 太太：100万元（60周岁前） 30万元（60周岁后） 孩子：0.34万~5.78万元（18周岁前） 40万元（18周岁后） 老人：0 家庭最高总额：250万元

续表

		A家庭（高负债小康，男主外，女主内）	B家庭（高负债小康，双职工）	C家庭（低负债小康，双职工）
	意外身故	先生：350.07万～367.49万元（60周岁前） 118.14万～147.39万元（60周岁后） 太太：100万元（60周岁前） 50万元（60周岁后） 孩子：10万～12.2万元（30周岁前） 老人：10万元 ×2 家庭最高总额：499.69万元	先生：200万元（60周岁前） 100万元（60周岁后） 太太：200万元（60周岁前） 100万元（60周岁后） 孩子：10万～14.43万元（18周岁前） 60万元（18周岁后） 老人：20万元 ×2 家庭最高总额：500万元	先生：160万元（60周岁前） 80万元（60周岁后） 太太：150万元（60周岁前） 80万元（60周岁后） 孩子：10万～15.78万元（18周岁前） 50万元（18周岁后） 老人：10万元 ×2 家庭最高总额：380万元
	医疗保障	均为300万元 家庭最高总额：900万元	均为200万元 家庭最高总额：600万元	均为200万元（老人只针对癌症） 家庭最高总额：600万元
家庭总保费		27622元	23687元	22716元
保费占收入比		11.0%	11.8%	15.1%

总的来说：

（1）A家庭参考方案具有高性价比、高杠杆、高保额、保定期的特点，适合高负债、追求性价比的小康家庭。

（2）B家庭参考方案具有高性价比、中等杠杆、中等保额、重疾保终身的特点，适合高负债、期望保障终身的小康家庭。

（3）C家庭参考方案具有保险公司品牌大、重疾保终身但保额低的特点，适合低负债、追求公司规模的小康家庭。

对大多数家庭来说，保障型产品总保费占家庭年收入的5%～15%是比较合理的。具体需结合家庭负债情况、消费倾向等进行调整。

需要说明的是，以上三个参考方案只是举例，并非代表一定是最合适的、唯一的，高高只是跟大家分享这种方案设计的思路。

这种设计思路也不只是适合年收入15万～25万元的家庭，其余收入的家庭可结合具体需求调整相应产品的保额或保障期间。如果收入更低，建议多选择定期产品；收入更高，可适当增加保障终身的产品、增大保额；如果家庭年收入很高，例如超过80万元，则很可能还有高端医疗险、终身寿险、年金险等保险需求。

PART 4 实务篇

17. 怎样选择保险公司

在高高看来，识别真实的保险需求和找到合适的、性价比高的保险产品比选择保险公司更重要。不过，还是有很多消费者会关心保险公司的问题：这公司靠谱吗？我都没听说过，会不会倒闭？

截至2019年1月29日公布数据，全国共有人身险公司91家、财产险公司88家。这么多公司，到底怎么选呢？

同业相轻的现象在保险业内极为严重，常见的有：大公司说中小公司规模小，中小公司说大公司的产品贵，外资公司说中资公司不洋气，中资公司说外资公司机构少，经纪人说代理人专业差，代理人说经纪人公司小……而这一切印象汇总到消费者那儿，就是这个行业太乱了。

什么公司产品更便宜？什么公司理赔更好？什么公司更靠谱？保险公司会不会破产？

这四个问题实在太难了。因为每个人的消费观差别很大，而且因为信息不全，分析可能有偏差。高高本着“消费者第一”的理念，努力列出一些客观情况，给大家一些参考。

什么保险公司产品最便宜?

买保险，价格是永远避不开的话题。

我们先来看看保险产品的定价主要受什么因素影响。

（1）风险发生率。

如发病率、死亡率等，这些数据基本是行业统一的。

（2）运营成本。

运营成本与各公司的经营策略、管理效率等有关，如硬件投入、人员、销售渠道等，各家公司有差异。

（3）目标利润。

公司背后股东的要求、管理层的决策等，会影响公司的目标利润，从而影响产品的定价。

（4）竞争博弈。

相同梯队的公司，产品价格经过多年竞争，形成一定程度的平衡状态，价格相差不大。不同梯队的公司，产品价格差异较大。

在以上几个因素的综合影响下，市面上呈现的基本状态是：大公司、外资公司的产品价格一般居于市场较高位，一些中小公司为了在竞争中突围，这几年陆续推出“地板价”产品。

还是拿数据说话。

我们以市场上某大型保险公司和某外资保险公司的主流重疾险产品作为标杆，根据其保障责任，找到中小公司“地板价”产品与之进行对比（见表4-1）。

表 4-1　不同类型公司重疾险保障内容及保费对比

产品		中小公司产品A	大公司产品B	外资公司产品C
投保规则	被保险人年龄	30天～50周岁	18～55周岁	18～55周岁
	保障期间	终身	终身	终身
	等待期	180天	90天	90天
重疾保障	赔付金额	50万元（50周岁前投保，保单前十年，额外赔付保额的30%）	50万元（运动额外给付2.5万～5万元；70周岁前患轻症赔付后，额外赔付保额的20%～60%）	50万元
	重疾种类	108种	100种	100种
	赔付次数	1次	1次	1次
中症保障	赔付金额	25万元	/	/
	中症种类	25种（不分组）	/	/
	赔付次数	2次（无间隔）	/	/
	赔付方式	额外赔付	/	/

续表

产品		中小公司产品A	大公司产品B	外资公司产品C
轻症保障	赔付金额	第1次：17.5万元 第2次：20万元 第3次：22.5万元	10万元 （运动额外给付0.5万～1万元）	第1、第2次：10万元 第3、第4次：15万元 第5、第6、第7次：25万元
	轻症种类	40种 （不分组）	30种 （不分组）	60种 （不分组）
	赔付次数	3次 （无间隔）	3次 （无间隔）	7次 （无间隔）
	赔付方式	额外赔付	额外赔付	额外赔付
身故保障	18周岁前	赔付已交保费	/	/
	18周岁后	50万元	50万元 （运动额外给付2.5万～5万元；70周岁前患轻症赔付后，额外赔付20%～60%）	50万元
豁免保障	轻症豁免	有	可附加	/
	投保人豁免	可附加	可附加	/
其他保障		全残赔保额、可附加癌症多次赔	可附加癌症多次赔	全残/疾病终末期赔保额、60周岁后失能每月领4166.67元，限领120次
保费	保额	50万元	50万元	50万元
	缴费方式	交20年，保终身	交20年，保终身	交18年，保终身
	30岁（男）	9705元	15400元	15450元
	30岁（女）	8500元	14500元	14000元

坦率地说，因为收入有限，必须精打细算，高高自己给家人选购的，主要是“地板价”产品的组合，特别是重疾、定寿等产

品。原因在于：这类保险花费高，但理赔概率/频率低，与保险公司的机构多少、服务能力等关系不大，“地板价”产品便宜了30%甚至更多，可以节省不少支出。而医疗险、意外险等服务频次高、价格低、需要续保的产品，则较少考虑价格差，而选择规模更大、产品稳定性较好的公司。

当然，如果你更关注公司品牌、服务等因素，觉得多花些钱也可以接受，那么选择大公司也挺好。买保险，不就为了心安么。

但很多人还会追问，价格知道怎么比了，理赔、服务怎么比呢？

什么保险公司理赔更好？

很多人买保险时，都会担心理赔问题。那理赔到底和什么相关呢？

（1）是否理赔。

是否能理赔以及理赔金额多少，与保险公司的规模、品牌等没有直接关系，只要符合相应保险产品的条款规定，不论大小公司都会按照保险合同进行赔付。

（2）理赔效率。

《保险法》第二十三条规定：保险人收到被保险人或者受益人的赔偿或者给付保险金的请求后，应当及时作出核定；情形复杂的，应当在三十日内作出核定，但合同另有约定的除外。保险人应当将核定结果通知被保险人或者受益人；对属于保险责任的，在与被保险人或者受益人达成赔偿或者给付保险金的协议后十日内，履行赔偿或者给付保险金义务。保险合同对赔偿或者给付保险金的期限有约定的，保险人应当按照约定履行赔偿或者给付保险金义务。

表4-2是2018年39家人身险公司的理赔情况统计。

表 4-2　2018 年 39 家人身险公司理赔情况

序号	公司名称	保费规模（亿元）	赔付件数（万件）	赔付金额（亿元）	理赔率（%）	理赔时效（天）
1	中国人寿	6463.5	1400	400	99.40	—
2	平安人寿	4468.85	381	268	95.00	—
3	太平洋人寿	2024.14	272	130	99.20 （小额99.97）	小额0.28
4	华夏人寿	1582.75	21.43	22	97.31 （小额99.42）	—
5	泰康人寿	1320.14	300	190	—	—
6	太平人寿	1236.86	53	47	98.00	—
7	新华人寿	1222.86	172	81	97.96	2.07
8	人保寿险	937.3	403	66	99.10	2.28
9	富德生命	717.31	—	15.12	98.48	1.67
10	天安人寿	585.72	8.5	9.44	98.69	2
11	中邮人寿	576.63	1.25	1.7	—	1.57
12	百年人寿	385.65	49	11.4	—	—
13	阳光人寿	380.08	37	17.15	小额99.98	1.76
14	工银安盛	336.81	58.4	7.8	97.00	—
15	恒大人寿	323.72	3.4	2.85	99.75	1.4

续表

序号	公司名称	保费规模（亿元）	赔付件数（万件）	赔付金额（亿元）	理赔率（%）	理赔时效（天）
16	建信人寿	252.91	46.38	12.37	98.71	2.59
17	农银人寿	176.38	16.4	5.8	—	小额1.3
18	合众人寿	153.43	13.3	5.7	小额99.66	小额0.4
19	中意人寿	140.12	18.21	16.3	97.32	—
20	中美大都会	116.02	—	4.5	小额99.90	1.84
21	民生人寿	115.18	7.61	5.3	99.00	2.05
22	利安人寿	110.97	3.3	1.9	98.87	1.94
23	弘康人寿	81.38	—	—	95.00	0.5
24	交银康联	80.18	13.3	2.5	99.46	—
25	信泰人寿	73.9	0.4	1.37	—	1.98
26	长城人寿	61.89	2.84	1.68	98.16	1.6
27	华泰人寿	53.19	2.52	2.38	97.19	1.08
28	中德安联	49.46	19.6	2.05	—	2.23（小额0.6）
29	珠江人寿	42.16	2.14	0.76	99.50	1.3
30	同方全球	36.81	1.22	1.9	97.00	2.3（小额1.3）
31	恒安标准	32.79	1.02	1.12	99.57	1.3
32	吉祥人寿	27.93	4.27	1.08	99.56	0.3
33	陆家嘴国泰	23.24	9.5	1.8	—	1.95
34	北大方正	20.91	0.73	0.68	99.00	—
35	中华人寿	13.66	9.3	0.64	—	—
36	复星保德信	12.6	0.47	0.31	98.50	1.4（小额0.6）
37	中韩人寿	5.65	0.33	0.29	98.35	2.16
38	瑞泰人寿	5.57	0.17	1.1	—	—
39	爱心人寿	3.03	—	0.2	99.63	1

资料来源：根据各保险公司官方公众号公布的理赔数据整理。

从表4-2可以看出，大部分保险公司的理赔获赔率和理赔时效都还不错（理赔率基本在97%以上），且与公司规模没有明显相关性。

当然，理赔问题不是一张数据表能够完全展示的，很多背后的因素，高高也并不深入了解，公司也不会主动揭示。

对消费者而言，与其关注哪家公司理赔效率高，不如更加关注自己如何规范投保。只要自己尽到了消费者义务，公司是没有理由不赔的。

什么保险公司更靠谱?

靠谱是个很感性的词，以下几个硬指标从一定程度可以反映保险公司的安全可靠性。

- 偿付能力

偿付能力通俗解释就是保险公司偿还债务的能力，是保险监督机构为保护消费者利益制定的通行监管政策。偿付能力监管要求保险公司确保：任何时候，保证你的钱够赔。不够的话，整改。

中国的“偿二代”监管制度于2016年1月正式实施，其采纳了国际通行的框架，又在多个方面充分体现了中国新兴保险市场的特征，是一套非常科学、有效、国际领先的偿付能力监管体系。偿付能力制度要求保险公司需每个季度披露偿付能力报告，偿付能力体现了保险公司偿还债务的能力，应不低于100%。如果偿付能力低于100%，银保监会将对保险公司进行严厉地整改，例如责令增资、责令拍卖资产、限制开展业务、调整负责人、接管等；如果偿付能力为100%～150%，可要求保险公司提交和实施预防偿付能力不足的计划；即使偿付能力大于100%，如果保险公司存在重大偿付能力风险，银保监会也可要求其进行整改或者采取必要的监管措施。

需要说明的是，偿付能力并非看上去越高越好。比如，很多新公司刚开业，偿付能力甚至超过1000%，这是因为还没啥业务。但是随着业务开展，偿付能力会不断下降，趋于常规值。偿付能力会随着保险公司经营情况发生变化，因此某一个季度偿付能力表现好并不一定是真正的好，只有持续的好成绩才能体现保险公司稳定的风险控制能力。

表4-3是2019年第一季度83家人身险公司的保费规模及偿付能力对比。可以看出，保险公司的保费规模与偿付能力无明显相关性，绝大多数公司偿付能力在监管要求范围内（中法人寿为特殊情况，且近三年来基本无保险业务）。

表 4-3　2019 年第一季度 83 家人身险公司的保费规模及偿付能力对比

序号	公司名称	保费规模（亿元）	综合偿付能力充足率（%）	序号	公司名称	保费规模（亿元）	综合偿付能力充足率（%）
1	中国人寿	2723.53	262.58	4	华夏人寿	842.44	128.68
2	平安人寿	1958	223.93	5	太平人寿	601.95	229.00
3	太平洋人寿	928.52	263.00	6	前海人寿	514.03	136.94

续表

序号	公司名称	保费规模（亿元）	综合偿付能力充足率（%）	序号	公司名称	保费规模（亿元）	综合偿付能力充足率（%）
7	泰康人寿	486.6	251.40	27	中意人寿	65.81	171.00
8	人保寿险	468.84	238.57	28	合众人寿	62.58	191.60
9	工银安盛人寿	310.26	196.00	29	光大永明人寿	55.2	238.10
10	天安人寿	292.48	138.07	30	招商仁和人寿	53.4	257.00
11	富德生命人寿	229.16	122.00	31	招商信诺人寿	49.22	259.00
12	阳光人寿	203.3	207.90	32	上海人寿	46.44	130.00
13	中邮人寿	194.07	197.26	33	新华人寿	43.17	278.98
14	国华人寿	190.84	158.49	34	信泰人寿	40.87	148.72
15	君康人寿	184.82	121.18	35	横琴人寿	40.76	172.10
16	百年人寿	175	121.82	36	英大人寿	40.71	212.54
17	农银人寿	156.31	160.54	37	幸福人寿	38.9	216.19
18	恒大人寿	112.14	126.59	38	中融人寿	38.74	162.80
19	友邦保险	94.68	452.87	39	泰康养老	38.43	210.00
20	人保健康	91.08	270.00	40	民生人寿	37.19	330.00
21	弘康人寿	88.52	126.78	41	渤海人寿	35.44	426.91
22	利安人寿	86.57	212.00	42	中美联泰大都会	32.63	341.00
23	建信人寿	84.03	154.00	43	长城人寿	31.33	158.03
24	平安养老	76.99	252.74	44	中英人寿	30.63	196.70
25	中信保诚人寿	75.75	272.25	45	中宏人寿	30.31	272.89
26	交银康联人寿	74.57	255.44	46	东吴人寿	23.1	203.46

续表

序号	公司名称	保费规模（亿元）	综合偿付能力充足率（%）	序号	公司名称	保费规模（亿元）	综合偿付能力充足率（%）
47	华泰人寿	21.96	162.97	65	汇丰人寿	5.78	252.00
48	复星保德信	20.15	289.33	66	复星联合健康	5.3	171.09
49	同方全球	20.11	188.00	67	长生人寿	4.42	201.00
50	平安健康	19.53	264.46	68	和泰人寿	3.93	461.74
51	中荷人寿	18.91	204.97	69	国宝人寿	3.1	1151.48
52	太平养老	16.72	281.21	70	信美人寿	2.88	316.00
53	中德安联	15.68	174.88	71	德华安顾	2.67	333.85
54	太保安联	13.98	175.00	72	君龙人寿	2.18	200.47
55	中银三星	13.33	153.42	73	中韩人寿	2.18	169.04
56	北大方正	13.2	226.47	74	瑞泰人寿	1.77	235.26
57	珠江人寿	12.16	131.20	75	北京人寿	0.98	1593.00
58	恒安标准	11.49	283.00	76	爱心人寿	0.88	1003.94
59	国联人寿	10.21	230.22	77	海保人寿	0.71	2017.54
60	陆家嘴国泰	8.22	226.91	78	新光海航	0.2	605.00
61	昆仑健康	7.78	131.91	79	国富人寿	0.2	1709.79
62	中华人寿	7.14	203.97	80	三峡人寿	0.12	2880.88
63	吉祥人寿	6.53	202.10	81	华汇人寿	0.06	933.17
64	华贵人寿	6.06	290.83	82	瑞华健康	0.03	1333.08
				83	中法人寿	0	-8468.51

资料来源：根据各保险公司官方网站公布数据整理。

● 风险评级

风险评级是指监管机关以风险为导向，综合分析、评价保险公司的相关风险，根据其偿付能力风险大小，评定为不同的监管类别，并采取相应监管政策或监管措施的监管活动。

风险评级每季度评价一次，其参考价值比较高，因为指标针对的就是保险公司“可不可靠”这一核心问题。共分为A、B、C、D四类，其中A为风险最低，D为风险最高。A类公司是指偿付能力达标，且操作风险、战略风险、声誉风险和流动性风险小的公司。一般来说，B类及以上表明公司目前正常运营。

表4-4是2019年第一季度81家人身险公司的风险评级情况（华夏人寿和富德生命人寿暂未公布）。可以看出，保险公司风险评级也与保费规模无明显相关性；81家公司中，有3家公司不达标，其中百年人寿、珠江人寿2家评级为C类，中法人寿评级为D类。在2019年第二季度，百年人寿、珠江人寿风险评级升为B类，中法人寿依旧为D类。

表4-4　2019年第一季度81家人身险公司风险评级对比

序号	公司名称	保费规模（亿元）	风险评级	序号	公司名称	保费规模（亿元）	风险评级
1	中国人寿	2723.53	A	6	泰康人寿	486.6	A
2	平安人寿	1958	A	7	人保寿险	468.84	A
3	太平洋人寿	928.52	A	8	工银安盛人寿	310.26	A
4	太平人寿	601.95	A	9	天安人寿	292.48	B
5	前海人寿	514.03	B	10	阳光人寿	203.3	B

续表

序号	公司名称	保费规模（亿元）	风险评级	序号	公司名称	保费规模（亿元）	风险评级
11	中邮人寿	194.07	B	37	泰康养老	38.43	A
12	国华人寿	190.84	B	38	民生人寿	37.19	A
13	君康人寿	184.82	B	39	渤海人寿	35.44	A
14	百年人寿	175	C	40	中美联泰大都会	32.63	A
15	农银人寿	156.31	B	41	长城人寿	31.33	B
16	恒大人寿	112.14	B	42	中英人寿	30.63	A
17	友邦保险	94.68	A	43	中宏人寿	30.31	A
18	人保健康	91.08	A	44	东吴人寿	23.1	B
19	弘康人寿	88.52	B	45	华泰人寿	21.96	B
20	利安人寿	86.57	A	46	复星保德信	20.15	A
21	建信人寿	84.03	A	47	同方全球	20.11	B
22	平安养老	76.99	A	48	平安健康	19.53	A
23	中信保诚人寿	75.75	A	49	中荷人寿	18.91	A
24	交银康联人寿	74.57	A	50	太平养老	16.72	A
25	中意人寿	65.81	B	51	中德安联	15.68	B
26	合众人寿	62.58	B	52	太保安联	13.98	A
27	光大永明人寿	55.2	A	53	中银三星	13.33	B
28	招商仁和人寿	53.4	A	54	北大方正	13.2	B
29	招商信诺人寿	49.22	A	55	珠江人寿	12.16	C
30	上海人寿	46.44	B	56	恒安标准	11.49	A
31	新华人寿	43.17	A	57	国联人寿	10.21	A
32	信泰人寿	40.87	B	58	陆家嘴国泰	8.22	A
33	横琴人寿	40.76	A	59	昆仑健康	7.78	B
34	英大人寿	40.71	A	60	中华人寿	7.14	A
35	幸福人寿	38.9	B	61	吉祥人寿	6.53	B
36	中融人寿	38.74	B	62	华贵人寿	6.06	B

续表

序号	公司名称	保费规模（亿元）	风险评级	序号	公司名称	保费规模（亿元）	风险评级
63	汇丰人寿	5.78	A	73	北京人寿	0.98	A
64	复星联合健康	5.3	B	74	爱心人寿	0.88	A
65	长生人寿	4.42	B	75	海保人寿	0.71	A
66	和泰人寿	3.93	A	76	新光海航	0.2	B
67	国宝人寿	3.1	A	77	国富人寿	0.2	A
68	信美人寿	2.88	A	78	三峡人寿	0.12	A
69	德华安顾	2.67	B	79	华汇人寿	0.06	A
70	君龙人寿	2.18	B	80	瑞华健康	0.03	A
71	中韩人寿	2.18	B	81	中法人寿	0	D
72	瑞泰人寿	1.77	B				

资料来源：根据各保险公司官方网站公布数据整理。

● 综合服务评级

综合服务评级是监管机构针对保险公司的服务质量进行评价的指标。评价范围重点围绕消费者反映最强烈的销售、理赔、投诉、咨询等服务环节，按财产保险和人身保险分别设定电话呼入人工接通率、理赔获赔率、投诉率等8类定量指标，并在此基础上对重要服务创新和重大负面事件分别进行加减分，服务质量和服务效率成为关键权重。

综合服务评级每年开展一次，分为A、B、C、D四大类，A类为最好、D类为最差。具体包括AAA、AA、A、BBB、BB、B、CCC、CC、C、D共10级。一般来说，B类及以上说明保险公司综合服务质量较好。

表4-5是2018年59家人身险公司的综合服务评级情况。

表 4-5 2018 年 59 家人身险公司综合服务评级对比

序号	公司名称	保费规模（亿元）	服务评级	序号	公司名称	保费规模（亿元）	服务评级
1	中国人寿	6463.5	BB	22	中信保诚人寿	153.85	A
2	平安人寿	4468.85	AA	23	合众人寿	153.43	BBB
3	太平洋人寿	2024.14	AA	24	招商信诺人寿	150.17	B
4	华夏人寿	1582.75	BB	25	中意人寿	140.12	CCC
5	泰康人寿	1320.14	A	26	中美联泰大都会	116.02	CCC
6	太平人寿	1236.86	AA	27	民生人寿	115.18	BB
7	新华人寿	1222.86	BBB	28	利安人寿	110.97	B
8	人保寿险	937.3	BBB	29	光大永明人寿	103.44	BBB
9	富德生命人寿	717.31	B	30	幸福人寿	91.66	A
10	天安人寿	585.72	BBB	31	弘康人寿	81.38	CCC
11	中邮人寿	576.63	BB	32	中宏人寿	80.97	BBB
12	前海人寿	495.49	B	33	渤海人寿	80.47	B
13	百年人寿	385.65	BB	34	交银康联	80.18	A
14	阳光人寿	380.08	BBB	35	中英人寿	79.56	BBB
15	国华人寿	345.25	A	36	信泰人寿	73.9	BB
16	工银安盛人寿	336.81	B	37	长城人寿	61.89	B
17	恒大人寿	323.72	B	38	英大人寿	54.05	BBB
18	君康人寿	295.56	CCC	39	华泰人寿	53.19	BB
19	友邦保险	261.34	BBB	40	中融人寿	50.78	B
20	建信人寿	252.91	BB	41	中德安联	49.46	B
21	农银人寿	176.38	A	42	中荷人寿	46.94	A

续表

序号	公司名称	保费规模（亿元）	服务评级	序号	公司名称	保费规模（亿元）	服务评级
43	珠江人寿	42.16	B	52	国联人寿	18.23	A
44	同方全球	36.81	CCC	53	汇丰人寿	14.25	CCC
45	恒安标准	32.79	BBB	54	复星保德信	12.6	BBB
46	中银三星	28.66	BBB	55	君龙人寿	6.12	B
47	吉祥人寿	27.93	BBB	56	德华安顾	6	B
48	陆家嘴国泰	23.24	CC	57	中韩人寿	5.65	B
49	长生人寿	23.16	BB	58	瑞泰人寿	5.57	CCC
50	北大方正	20.91	BBB	59	华汇人寿	—	A
51	东吴人寿	18.94	BBB				

资料来源：根据各保险公司官方网站公布数据整理。

保险公司会破产吗?

很多消费者还关心，这么多钱放保险公司，靠谱吗？会不会破产呢?

- 保险公司会破产吗?

美、日、澳、英等发达国家的保险公司都破产过，与当时的国家经济形势、时代背景、管理制度等都有关系。中国现代保险业仅经历了二十余年的时间，目前国内还没有任何保险公司破产的先例。严格的保险公司设立条件、严格的资金运用监管制度、世界领先的“偿二代”监管体系等，均有效降低了保险公司破产的概率。而此前有几家保险公司出现严重问题时，监管均提前介入，通过接管、重组等形式妥善解决，没有出现破产。

但根据《保险法》第九十条规定，如果保险公司经营不善，法人不能清偿到期债务，并且资产不足以清偿全部债务或明显缺乏清偿能力，经过国务院保险监督管理机构同意，是可以申请破产的。

● 如果保险公司破产，保单怎么办?

（1）新公司接管保单。

《保险法》第九十二条规定，寿险公司破产后，消费者的人寿保险保单不会失效，而将由新的保险公司接管（非人寿保险保单在《保险法》中无具体处置规定，但在《保险保障基金管理办法》有相关说明，下面会具体介绍）。

（2）保险保障基金救助。

原保险公司既然会破产，说明之前的经营情况一定很不好，预留的责任准备金也很可能“资不抵债”。这种情况下，没有保险公司愿意接手怎么办？别害怕，还有一个终极接盘侠——低调又有实力的保险保障基金。保险保障基金由国有独资的中国保险保障基金有限责任公司负责筹集、管理和使用，按照《保险保障基金管理办法》施行。

根据有关规定，寿险公司每收到100元保费，就要交0.05～0.8元给保险保障基金，专门用来江湖救急，防止保险公司“不保险”的情况出现。当然，财险公司也有相应的缴纳规定。

截至2019年7月31日，保险保障基金余额1386.14亿元，其中财产保险保障基金875.49亿元，占63.16%；人身保险保障基金510.65亿元，占36.84%（见图4-1）。正是有这笔庞大的资金基础，使得保险保障基金有能力帮助保险公司渡过难关，保障消费者的权益。

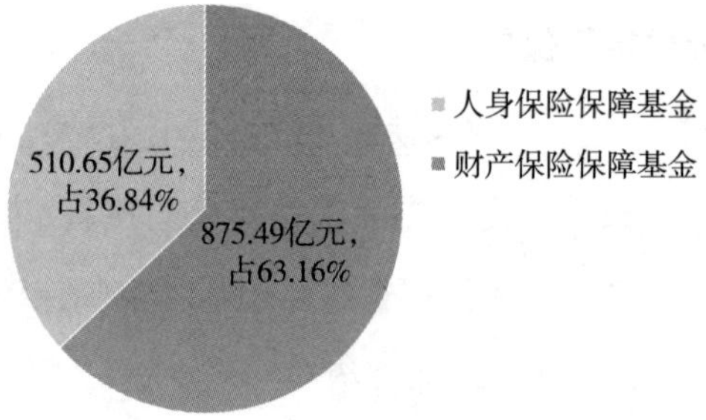

图4-1　保险保障基金构成

目前国内还没有任何保险公司破产的先例，但是有保险公司面临重大危机的案例。此时，保险保障基金及时介入（现已先后共接管过3家保险公司），帮助其渡过难关，有效降低保险公司的破产概率，维护社会稳定及保单持有者的权益。

案例：

2007年，原保监会首次动用保险保障基金接管××人寿，先后购买××人寿股权，接手价格为5.99元/股，持股数约4.6

亿股，占××人寿股权的38.815%，是第一大股东。2009年11月，保险保障基金“功成身退”，把××人寿38.815%的股权整体转让给×公司，转手价格为8.7元/股，××人寿顺利度过危机。

（3）保单利益并非保证没有损失。

根据相关规定可以大体计算出，保险公司破产过程中，消费者约80%～90%的保单利益都是可以保证的。仅就个人理解，在我们的体制下，政府和监管会采取各种措施，尽可能保证消费者100%的利益不受损。分情况进行讨论：

① 人寿保险保单。

人寿保险包括两大类：普通型寿险(定期寿险、终身寿险、年金保险、两全保险等)和新型寿险(分红保险、万能保险、投资连结保险等)。根据《保险保障基金管理办法》第二十一条，保险保障基金会给保单接管公司提供救助，救助金额以原保单利益的80%～90%为限（见图4-2），消费者的保单利益能不能保证100%不受损，要看监管维持行业稳定的决心和保险保障基金资金状况。

② 非人寿保险保单。

包括两大类：健康险(医疗险、重疾险等)和意外险(意外伤害、意外医疗)。

非人寿保险保单的救助对象为保单持有人。根据《保险保障基金管理办法》第十九条，如果是小保单，损失在5万元以内，保障基金全额救助；对于较大的保单，损失超过5万元时，该超出部分也可能有10%或20%的损失（见图4-3）。

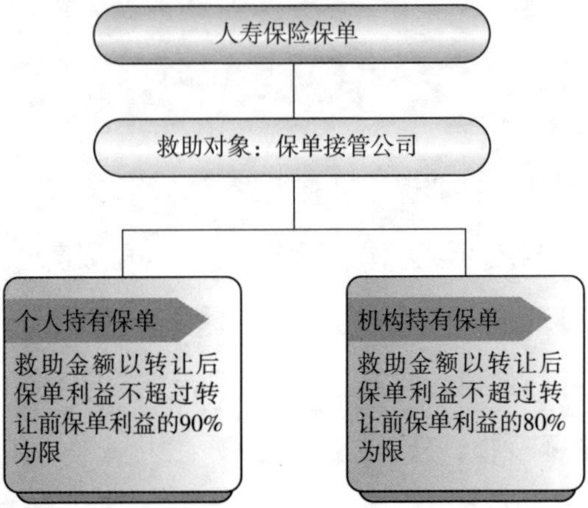

图 4-2　人寿保险保单救助规则

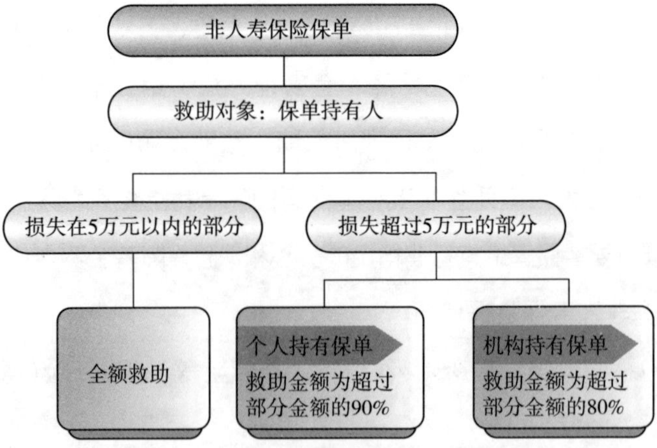

图 4-3　非人寿保险保单救助规则

总的来说，我国的保险监管措施非常系统、严格，建立了

“三支柱”“五道防线”等较为完整的监管框架，而且很多时候存在“兜底”的意愿和决心，某种程度而言，我国的保险公司比发达国家的还要靠谱。保险业可能存在销售误导等一些侵害消费者个体利益的现象，但保险消费者的整体利益，有着国家背书的保证。

其实保险公司破产并不一定是坏事，它有助于倒逼企业良性经营。现在某些保险公司背后的股东如果没有破产压力，有恃无恐，激进经营，长久看也不是好事。只要破产后，消费者的正常利益还能得到妥善保障就可以。

要相信国内的保险监管，更要相信我们的国家。

18. 怎么选择购买渠道

虽然每个人身边总有几个做保险的朋友，但一旦决心要买时，还是要多了解不同购买渠道的区别，以便科学决策。

保险公司官方渠道

保险公司通常都有官方网站、官方微信；部分保险公司有独立App；也可直接到保险公司营业部投保。

- 优势

（1）全面：产品介绍通常更严格遵守监管要求，责任免除、健康告知等重要事项较突出。

（2）安全：支付保费时的资金安全性较高。

- 劣势

（1）自行选择：保险公司通常不提供咨询服务，更不可能提供跨公司的产品咨询服务。通过官方渠道投保的前提是本人已基本确定自己要选择的保险产品。

（2）自行申请理赔：如遇到事故，需自行向保险公司报案、自行了解相关政策，没有代理人、经纪人等协助理赔。

代理人渠道

保险代理人是消费者最常接触的保险营销员，从业人员数量众多。自20世纪90年代友邦将代理人制度引入中国后，一直是寿险公司最重要的销售渠道，对寿险业的推动作用极为重要。

- 优势

（1）态度积极：代理人普遍对客户积极热情，能主动为客户提供产品介绍等服务，部分代理人甚至能协助客户处理私人事务。

（2）信任度：多数消费者接触的代理人为自己的亲戚、朋友，具备一定的信任度。

（3）深耕服务：代理人深耕一家公司，对该公司的综合事务较熟悉。

- 劣势

（1）产品有限：代理人只能代理自家保险公司的产品，而全国有人身险公司91家、财产险公司88家（截至2019年1月29日公布数据），故代理人在产品选择上比较受限制。

（2）流失率高：代理人首年流失率普遍在60%以上，人员流动较大，如果代理人离职，保单将成为所谓的“孤儿单”，因此建议选择从业年限较长的代理人。

（3）参差不齐：由于种种因素，代理人整体素质参差不齐，需要选择比较靠谱、专业的代理人。

经纪人渠道

保险经纪人是基于投保人的利益，为投保人与保险公司订立保险合同提供中介服务，并依法收取佣金的个人或单位。按照有关定义，代理人是保险公司渠道的延伸，经纪人则是立足客户角度、辅助其选择产品的角色。但由于历史原因，国内寿险领域代理人占绝对优势，经纪人主要从事产险领域，且通常针对公司服务，很少针对个人。近年来，国内开始出现一批针对个人寿险开展服务的经纪人，发展较快，受到不少消费者认可。

- 优势

（1）产品线全：经纪公司通常会与多家保险公司（中小公司居多）签约，因此保险经纪人能推介的保险产品更多些，替客户选择的范围较大。

（2）咨询服务：优秀的经纪人通常能为客户提供较全面的咨询服务，根据其家庭实际情况，从多家公司的产品中为其匹配合适的方案。

- 劣势

（1）深耕服务欠缺：经纪人同时代理多家公司产品，对于某一家公司的深层了解较薄弱。

（2）参差不齐：寿险经纪人队伍刚刚兴起，同样存在素质参差不齐的问题，需要辨别是否靠谱。

互联网渠道

近年来互联网保险平台发展较快，成为互联网经济时代的重要投保渠道。大体可以分为三类：一是综合性保险平台，以保险经纪公司自营平台为主；二是细分平台，如主营健康险、员工保险、车险等细分领域；三是有大流量的第三方平台，如微信、支付宝、京东等。

优势

（1）产品较全：越来越多的保险产品尤其是短期产品均可在上述几类平台上购买；小部分产品只能在线下购买或公司官方渠道购买。

（2）购买便捷：自带互联网基因，其产品展示界面、支付过程等较为流畅，同时引入的一些互联网玩法吸引了一部分人群。

劣势

（1）限制较多：线上投保通常比线下投保要严格，如重疾险、医疗险，通常只有身体健康的人群才可以投保，但大多数人都有或多或少的症状，如果线上产品的智能核保和预核保都不能通过，只能选择线下投保进行人工核保。现实情况中，很多消费者对自己的就诊情况不太清楚，对保险条款认知不深，甚至没怎么仔细看“健康告知”的内容就简单地选择“全部为否”进行投保，实际上很可能属于无效保险，到真正理赔时，保险公司可能会以未如实告知为由拒赔。

（2）整体咨询服务欠缺：部分互联网平台提供产品咨询服务，但大多数是针对某个产品进行讲解，并非整体的保险规划。选择互联网渠道的前提还是需要自身已有较为清晰的保险规划。

（3）资质不一：一部分互联网保险平台拥有代理保险产品的资质，一部分并无资质，安全性存疑，但对普通消费者而言难以辨别。如选择互联网渠道，建议选择较知名的平台。

银行保险渠道、电话销售渠道

银行保险是银行与保险公司通过协议合作、合资企业、兼并收购和设立新公司等方式，为客户提供保险产品和服务的模式。银行保险渠道是指保险公司与银行合作，在柜台设立销售渠道，主要销售理财型保险产品，前些年发展迅速。但由于部分人员销售误导，常常出现“存款变保单”的诟病。近年由于保监会提倡保障型产品，主推理财型产品的银保渠道受到一定冲击。

电话销售渠道是指保险公司销售人员主动通过电话向准客户推介保险产品。

● 优势

主动积极：对于部分保险意识尚未被激发的客户，上述两种渠道能起到主动推介作用。

● 劣势

（1）银行保险渠道：需要明确保险产品和理财产品的区别，特别是去存款的中老年人。

（2）电话销售渠道：主动电话推介容易使一部分人产生反感。部分省区保险行业协会开通了禁拨登记服务，登记后可不再接到相关保险公司电话推介。

19. 怎样做好如实告知

什么是如实告知?

如实告知是指要求投保人在投保时应将与保险有关的健康情况等如实告知保险公司的一项保险法律原则。投保人的陈述应当全面、真实、客观，不得隐瞒或故意不回答，也不得编造虚假情况用来欺骗保险公司。

如果在线上投保，一般会以健康告知的形式让客户在网页上进行选择（见图4-4）。仔细阅读提问，如实回答，“以上全否”则可以直接进行投保。如果“部分为是”，则可以进入产品智能核保系统（很多线上保险产品都已开发智能核保功能），如实反馈相关疾病情况，系统会直接给出核保结果。

如果通过线下代理人投保，则需要填写保险公司的健康告知事项问卷（见图4-5），按照问卷内容一条条勾选“是”或“否”，如果存在相关异常情况，则在后面详细填写相应内容。提交投保资料后，保险公司会有核保人员进行审核，给出人工核保结果。

被保险人健康告知

1. 您的投保申请是否曾被本公司或其他保险公司拒保、延期、加收额外保费、索赔?(因怀孕导致的可不用告知)

2. 您目前的体格指数【BMI= 体重(公斤)÷ 身高(米)÷ 身高(米)】是否 BMI ≥ 28 ?

3. 您有无连续服药超过 2 个月或连续因病住院超过 15 天?是否正在接受治疗?

4. 您是否目前患有或曾经患有下列疾病或症状:恶性肿瘤、脑部肿瘤、性质不明的肿瘤或肿块、血压升高(收缩压≥ 150mmHg 或舒张压≥ 100mmHg)、肝炎、肝炎病毒感染史或携带史、甲状腺疾病、糖尿病、心脏疾病、冠心病、脑血管疾病、中风、癫痫、多发性硬化、智能障碍、精神疾病、重症肌无力、Ⅲ度烧伤、植物人状态、反复发作的哮喘、肺气肿、慢性阻塞肺疾病、暴发性肝炎、肝硬化、多发性肝囊肿、重度脂肪肝、慢性胰腺炎、慢性肾炎、尿毒症及其他慢性肾脏疾病、炎风湿病、系统性红斑狼疮、白血病、再生障碍性贫血、血友病、原因不明的六个月内体重减轻五公斤以上者、失明、上肢腕关节以上或下肢踝关节以上缺失、一个肢体(含一个肢体)以上功能丧失、咀嚼功能丧失、瘫痪、吸毒、性病、艾滋病或艾滋病病毒感染?

5. 您是否有身体残障、酒精或药物滥用成瘾、是否曾因身体原因被医生警告戒烟或戒酒、是否患职业病,如尘肺、矽肺、各种慢性中毒?

6. 最近两年内是否因受伤或疾病曾接受或被建议或正打算接受医师诊察、治疗或用药?(因普通伤风或感冒、轻微的胃肠炎、无并发症的剖腹产、避孕、疫苗接种、轻微关节或肌肉损伤或无并发症的骨折并已经完全康复的可不用告知)

7. 您是否近一年有新发或以往既有以下症状?反复头痛或眩晕、晕厥、咯血、胸痛、呼吸困难、呕血、黄疸、便血、听力下降、食欲不振、耳鸣、复视、视力明显下降、原因不明的皮肤和粘膜及齿龈出血、原因不明发热、原因不明的肌肉萎缩、原因不明的包块或肿物、结节、身体的其他感觉异常或活动障碍。

8. 女性补充告知:您是否怀孕及生产期间有合并症?例如蛋白尿、高血压、糖尿病、宫外孕等。您是否曾被建议针对乳房、子宫、卵巢、宫颈疾病进行定期复查或治疗?

9. 两周岁以下(含两周岁)儿童补充告知:是否为早产、难产?出生时是否曾有产伤、窒息等异常情况?是否有发育迟滞、惊厥、抽搐、脑瘫、先天性疾病、遗传性疾病、畸形或缺陷

10. 您是否:

(1)从事如下涉及或接触危险物职业:矿工、航海、海上救护、潜水、水下作业人员、爆破工、采掘工、随道坑道或井下作业、机械加工业搬运工、电讯电台及电力部门天线设施的制造、安装、维修人员、硫酸盐酸或硝酸等有毒化工产品制造人员、森林砍伐人员、火药爆竹制造及加工、液化气体制造、高压电工程作业人员、高空作业人员、战地记者、高空杂技、特技、武打演员、动物园驯兽师;

(2)现役军、警人员:防暴警察及负有特殊任务者、地面部队人员、水兵、空军飞行员、前线军人、特种兵(伞兵、海军陆战队、化学兵、布雷爆破任务兵);

(3)曲棍球、橄榄球球员、滑雪教练、滑雪运动员;

(4)正在或计划参加跳伞、滑翔、探险、武术摔跤比赛、特技表演、私人飞行、赛车、竞马、潜水、登山攀岩等任何带有危险性的运动或嗜好。

请确认上述问题答案: [部分为是] [以上全否]

图 4-4 某线上重疾险健康告知提问内容

<table>
<tr><td rowspan="2">5. 投、被保人健康告知事项（续）</td><td colspan="2">投保人</td><td colspan="2">被保险人</td></tr>
<tr><td>是</td><td>否</td><td>是</td><td>否</td></tr>
<tr><td>f. 皮肤黄染、巩膜变黄、腹痛、背痛、呕血、黑便、便血、反复腹泻，排便规律及性状改变，肝区疼痛，肝脾肿大等症状或体征；肝炎病毒携带，肝硬化，肝脓肿，肝囊肿，肝内结石，肝炎，肝血管瘤，肝功能异常，脂肪肝，胆囊炎，胆结石，胆囊息肉，化脓性胆管炎，消化道溃疡，消化道炎症，出血及空孔，疝气，溃疡性结肠炎，胰腺炎，肛瘘，肛裂，痔疮？
g. 血尿，泡沫尿，蛋白尿，全身浮肿等症状：肾炎，肾病综合症，肾功能异常，尿毒症，肾囊肿，肾下垂，肾血管瘤，肾移植，肾积水，尿路结石，尿道畸形，前列腺增生，前列腺炎，性传播疾病？
h. 多馀，多食，多尿，消瘦等症状：糖尿病，糖尿量异常，血糖异常，血脂异常，痛风，垂体 / 甲状腺 / 甲状旁腺 / 肾上腺机能亢进或减退，甲状腺结节，甲状腺包块？
i. 恶性肿瘤，良性肿瘤，不明性质的肿块或占位物，硬块，结节，息肉，淋巴结肿大，囊肿或其他赘生物？
j. 血常规检查异常， 不明原因皮下出血点，瘀斑，瘀痕，紫癜，反复鼻出血，反复齿龈出血，血友病，白血病，各类贫血？或其被建议不宜献血？
k. 关节红肿，关节酸痛，关节畸形，风湿性关节炎，类风湿关节炎，系统性红斑狼疮，强直性脊柱炎，颈、胸、腰、骶椎疾病，股骨头坏死，骨性关节炎，骨髓炎，皮肌炎，肌营养不良症，干燥综合症，川崎病？
l. 服食任何成瘾药物或吸毒？
m. 因任何原因接受过输血？若“是”，请说明何时输血，输血原因及输血量。</td><td>☐</td><td>☑</td><td>☐</td><td>☑</td></tr>
<tr><td>5. 您过去两年内是否有去医院住院检查或治疗（包括入住疗养院、康复医院等医疗机构）？若“是”，请详细说明。</td><td>☐</td><td>☑</td><td>☑</td><td>☐</td></tr>
<tr><td>6. 您过去两年为是否有过医学检查（包括健康体检）结果异常？若“是”，请详细说明。</td><td>☐</td><td>☑</td><td>☐</td><td>☑</td></tr>
<tr><td>7. 您过去一年内是否有去医院门诊、急诊或留观室检查就诊，接受医学检查、服药、手术或其他治疗？或打算接受相关检查或治疗？</td><td>☐</td><td>☑</td><td>☐</td><td>☑</td></tr>
<tr><td>8. 女性告知（未满 14 周岁免告知）：
a. 您目前是否怀孕？若是，怀孕____月。请同时递交产前体检报告。
b. 怀孕期间是否有合并症？例如：蛋白尿、高血压、糖尿病、宫外孕等？
c. 既往是否有异常妊娠史、习惯性流产、性激素水平异常？
d. 是否曾患有子宫内膜异位症、月经不调、痛经、阴道异常出血、葡萄胎、乳房结节、乳房包块、或被告知子宫颈涂片检查结果异常？</td><td>☐</td><td>☐</td><td>☐</td><td>☐</td></tr>
<tr><td>9. 您及您的配偶是否曾接受或试图接受与艾滋病（AIDS）有关的医疗咨询，检疫或治疗，或曾在过去 6 个月内持续一周以上有下列症状：体重下降，食欲不振，盗汗，腹泻，淋巴结肿大或皮肤粘膜溃疡？</td><td>☐</td><td>☑</td><td>☐</td><td>☑</td></tr>
<tr><td>10. 您的父母子女兄弟姐妹是否患有高血压肾病，中风，肝或肾囊肿，肝硬化，糖尿病，心脏病，白血病，结核，多发性硬化，精神疾病，恶性肿瘤，肝炎，或其他遗传、传染性疾病，或有早于 60 岁前去世的？若“是”，请详细说明。</td><td>☐</td><td>☑</td><td>☐</td><td>☑</td></tr>
<tr><td>11. 五周岁以下（含五周岁）儿童告知：出生体重 3.6 公斤
a. 是否有难产、早产、新生儿窒息、颅内出血及其他新生儿疾病？
b. 是否有畸形、发育迟缓、惊厥、抽搐、脑瘫、身体或智力发育异常，或其他先天性、遗传性疾病？
c. 是否曾经因高热惊厥、哮喘、外科疾病住院？
d. 是否曾经在过去的一年内因上呼吸道感染、肺炎、腹泻等疾病住院三次及以上？若有以上情况，请同时递交出院小结，出院后门诊随访记录及儿童保健手册。</td><td>☐</td><td>☐</td><td>☑</td><td>☐</td></tr>
</table>

6. 投保说明事项

<table>
<tr><td colspan="3">若上述投被保人一般事项告知及健康告知内任何答案为“是”，请在本栏中详细说明对象（投保人、被保险人）、日期、诊断、持续时间、治疗、检验结果、医院名称、地址或其他详情。</td></tr>
<tr><td>序号</td><td>说明对象</td><td>说明内容</td></tr>
<tr><td>5.5</td><td>被保险人</td><td>2016 年 5 月曾因上呼吸道感染在北京市第一人民医院就诊，已康复。</td></tr>
<tr><td>5.11</td><td>被保险人</td><td>2016 年 5 月曾因上呼吸道感染在北京市第一人民医院就诊，已康复。</td></tr>
<tr><td></td><td></td><td></td></tr>
<tr><td></td><td></td><td></td></tr>
<tr><td></td><td></td><td></td></tr>
<tr><td></td><td></td><td></td></tr>
<tr><td></td><td></td><td></td></tr>
<tr><td></td><td></td><td></td></tr>
<tr><td></td><td></td><td></td></tr>
<tr><td></td><td></td><td></td></tr>
<tr><td></td><td></td><td></td></tr>
<tr><td></td><td></td><td></td></tr>
<tr><td></td><td></td><td></td></tr>
</table>

图 4-5　某线下重疾险健康告知提问内容

为什么要如实告知?

● 必要性

从法律角度来说，《保险法》第十六条规定：订立保险合同时，保险人就保险标的或者被保险人的有关情况提出询问的，投保人应当如实告知。投保人故意或者因重大过失未履行前款规定的如实告知义务，足以影响保险人决定是否同意承保或者提高保险费率的，保险人有权解除合同。

从保险公司角度来说，保险公司通过被保险人的健康告知情况来决定是否承保、如何承保以及确定费率。如果在填写健康告知时存在不诚实、欺骗的行为，大量的逆选择必然会引发更大概率的保险事故，给保险公司带来损失。因此，保险公司在产品健康告知下面也通常会要求声明（见图4-6）。

> 郑重声明：
> 本投保人声明上述内容填写属实，如有隐瞒或告知不实，保险公司有权解除保险合同，对于合同解除前发生的任何事故，保险公司可不承担任何责任。

图 4-6　某保险产品的如实告知声明

● 重要性

（1）避免后续理赔纠纷。

在投保阶段，保险公司一般不会调查被保险人的医疗记录。但是，在出险理赔时，为了核查保险事故的真实性，往往会介入调查。在过去健康险的拒赔理由中，有80%以上是“未如实告知”。可见在投保时，的确有很多人存在“未如实告知”的问题。随着全国医保的联网和大数据的推进，今后就诊记录和体检记录也将更容易查到，所以做好如实告知是非常有必要的。

（2）让被保险人承保更公平。

保险产品本就是根据不同人群发病率进行精算定价的。如果没有健康告知，身体健康的人与癌症患者同样都可以购买，这就相当于保险公司拿健康人群的保费，去赔付身体状况更差、出险概率更高的人群，结果必然是赔付率上升、保费攀升、产品停售等。这部分成本，最终还是会转嫁到所有投保人的身上，对身体健康人群更不利。

总之，如实告知义务的法律依据在于保险合同是最大诚信合同。本着诚信的原则，也为了不给未来理赔埋下隐患，我们确实应与保险公司“坦诚相见”，如实告知保险公司询问的问题。

怎样做好如实告知?

● 如实告知的常见误区

（1）事无巨细，全部告知。

有消费者担心遗漏告知内容，所以什么都往上写，但如实告知也要有个度，像感冒、发烧、流鼻涕、拉肚子去医院拿个药，如果真的绞尽脑汁使劲回想，人基本都有个头痛脑热，其实像这些已经治好了就没有什么问题的小疾病，不足以影响保险公司的承保结论的，可以不告知。并且保险产品的健康告知中也一般不会问到这些小疾病。

（2）走马观花，匆匆投保。

与上一种情况相反，有的消费者只大概扫一眼健康告知，甚至都不看健康告知的内容，觉得自己没什么问题，没有住过院，直接健康告知全填“否”，就急忙投保了。但是这样就很可能遗漏像甲状腺结节这种医生觉得没啥事、定期检查就好，但是在核保中影响比较大的问题，给将来保险理赔埋下隐患。

● 如实告知的原则

（1）如实告知≠全部告知。

如果保险公司没有询问，就算我们知道某个指标存在异常，也无须告知。

（2）如实作答，有问必答，无问不答。

只要是健康告知中询问到的内容，都应如实回答。

● 如实告知后可能的核保结果

告知身体情况后，保险公司会进行审核，一般有以下五种结果（见图4-7）：

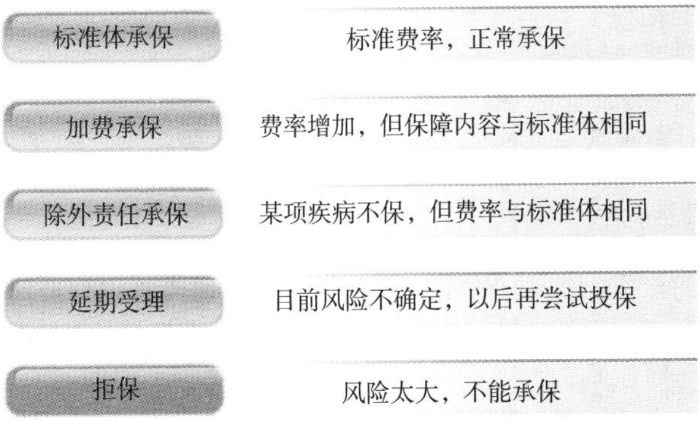

图 4-7　常见的五种核保结果

（1）标准体承保。

没有健康问题，或者告知的事项对投保的影响不大，保险公司会给出标准体承保的结论。

（2）加费承保。

已有病史增加了以后罹患重疾的风险，需要用比普通人高的费率进行承保，但保障内容与标准体相同。

（3）除外责任承保。

因某一部位或器官罹患重疾的风险比普通人更大，保险公司不承担相应的赔偿责任，其他部位疾病出险则正常理赔，保费与标准体相同。

（4）延期受理。

目前健康状况不明，需要一定时间观察，待明确诊断后可以再次尝试投保。

（5）拒保。

患病风险超过承受范围，不能承保。

不同保险公司、险种及保险产品的核保规则可能不同。一般来说，医疗险的核保最严格，其次是重疾险，然后是寿险。对于意外险、年金险等险种，一般不涉及医学核保，通常都可标准体承保。

根据目前主流保险公司的核保手册和行业资料，汇总整理了25种常见疾病和异常的医学核保结果（见表4-6）。不同公司的核保结果可能不同，该结果仅供大家参考。

表 4-6　25 种常见疾病和异常的医学核保结果

疾病	医疗险	重疾险	寿险
乙肝病毒携带/乙肝小三阳/乙肝大三阳/乙型肝炎	①乙肝病毒携带：肝功正常，大多除外承保； ②乙肝小三阳：肝功正常，有除外承保的机会； ③乙肝大三阳：肝功正常，部分医疗险可除外承保，大部分拒保； ④乙型肝炎：肝功异常，基本都拒保	①乙肝病毒携带：肝功正常，大多可标准体承保； ②乙肝小三阳：肝功正常，可能标准体或加费承保； ③乙肝大三阳：肝功正常，一般加费承保； ④乙型肝炎：肝功异常，基本都拒保	①乙肝病毒携带/乙肝小三阳：肝功正常，大多可标准体承保； ②乙肝大三阳：肝功正常，有标准体承保的机会； ③乙型肝炎：肝功异常，部分寿险可能标准体或加费承保
胃炎	①急性胃炎：一般治愈后可标准体承保； ②慢性浅表性胃炎：发病时间距今较长，无其他症状，一般除外承保； ③慢性萎缩性胃炎：拒保概率大	①急性胃炎：一般治愈后可标准体承保； ②慢性浅表性胃炎：发病时间距今较长，无其他症状，通常标准体承保； ③慢性萎缩性胃炎：拒保概率大	①急性胃炎：一般治愈后可标准体承保； ②慢性浅表性胃炎：发病时间距今较长，无其他症状，通常标准体承保； ③慢性萎缩性胃炎：可能标准体或加费承保

续表

疾病	医疗险	重疾险	寿险
乳腺结节	①良性结节（通常BI-RADS分级为Ⅱ类）：一般除外承保； ②趋向良性的结节（通常BI-RADS分级为Ⅲ类）：可能除外承保； ③有恶性可疑的结节（通常BI-RADS分级为Ⅳ类及以上）：一般延期或拒保	①良性结节（通常BI-RADS分级为Ⅱ类）：一般可标准体承保； ②趋向良性的结节（通常BI-RADS分级为Ⅲ类）：可能除外承保； ③有恶性可疑的结节（通常BI-RADS分级为Ⅳ类及以上）：一般延期或拒保	①良性结节（通常BI-RADS分级为Ⅱ类）：一般可标准体承保； ②趋向良性的结节（通常BI-RADS分级为Ⅲ类）：可标准体承保； ③有恶性可疑的结节（通常BI-RADS分级为Ⅳ类及以上）：一般延期或拒保
子宫肌瘤	①做了切除手术，确认病理为子宫肌瘤：子宫全切时，可标准体承保；未全切时，一般除外承保； ②未做切除手术，直径不超过5厘米：一般除外承保； ③未做切除手术，直径超过5厘米：可能拒保	①做了切除手术，确认病理为子宫肌瘤：一般可标准体承保； ②未做切除手术，直径不超过5厘米：一般可标准体承保； ③未做切除手术，直径超过5厘米：可能加费承保、延期或拒保	一般可标准体承保
甲状腺结节	①TI-RADS分级为1～3级，直径不超过1厘米，趋向良性且甲功正常，一般除外承保； ②TI-RADS分级为4～5级，说明有恶性可疑，一般延期至明确诊断； ③对于风险较高的结节，若未手术，但已穿刺确诊为良性，通常除外承保；	①TI-RADS分级为1～3级，直径不超过1厘米，趋向良性且甲功正常，一般除外承保。分级为1～2级时，少数重疾险也可标准体承保； ②TI-RADS分级为4～5级，说明有恶性可疑，一般延期至明确诊断； ③对于风险较高的结节，若未手术，但已穿刺确诊为良性，通常除外承保；	①TI-RADS分级为1～3级，直径不超过1厘米，趋向良性且甲功正常，可标准体承保； ②TI-RADS分级为4～5级，说明有恶性可疑，一般延期至明确诊断； ③对于风险较高的结节，若未手术，但已穿刺确诊为良性，可能标准体承保；

续表

疾病	医疗险	重疾险	寿险
甲状腺结节	④ 如已进行结节切除手术，且确诊为良性，目前无结节，则可能标准体承保	④ 如已进行结节切除手术，且确诊为良性，目前无结节，则可能标准体承保	④ 如已进行结节切除手术，且确诊为良性，目前无结节，一般可标准体承保
宫颈息肉	一般除外承保	一般可标准体承保	
子宫内膜异位症	一般除外承保	一般可标准体承保，病情严重的可能加费承保	
蛋白尿	一般除外承保；如果有大量不明原因血尿或蛋白尿，通常延期或拒保	一般标准体或加费承保；如果有大量不明原因血尿或蛋白尿，通常延期或拒保	
气胸	一次发作且完全康复2年以上，标准体承保；否则除外承保	完全康复，一般可标准体承保；若继发于其他疾病则按照病因考虑	
地中海贫血	① 轻度贫血：一般除外承保； ② 中到重度贫血：可能除外承保或拒保	① 轻度贫血：可能标准体承保； ② 中到重度贫血：可能加费承保或拒保	
关节炎/类风湿关节炎	① 轻度：一般除外承保； ② 中度：可能除外承保或拒保； ③ 重度：肯定拒保	① 轻度：可标准体承保； ② 中度：可能加费承保； ③ 重度：可能拒保	
高血压	① 1级高血压：部分医疗险可除外承保； ② 2、3级高血压：基本都拒保	① 1级高血压：可能标准体或加费承保； ② 2、3级高血压：基本都拒保	
肝血管瘤	① 无症状：一般除外承保； ② 有症状：一般延期至治愈后	① 无症状，直径不超过5厘米的，通常可标准体承保；直径超过5厘米的，可能加费承保； ② 有症状：一般延期至治愈后	

续表

<table>
<tr><th>疾病</th><th>医疗险</th><th>重疾险</th><th>寿险</th></tr>
<tr><td>慢性/急性支气管炎</td><td>① 慢性：病情轻微、肺功能良好、无严重并发症，除外承保；否则，拒保；
② 急性：未转变为慢性支气管炎，一般可标准体承保</td><td colspan="2">① 慢性：病情稳定、肺功能良好、没有合并肺气肿等严重并发症状且不吸烟者，通常加费承保；否则，延期或拒保；
② 急性：未转变为慢性支气管炎，一般可标准体承保</td></tr>
<tr><td>痛风</td><td>① 偶尔发作，轻至中度的高尿酸血症，不伴有痛风性关节炎或痛风石者：除外承保；
② 频繁发作，伴有痛风性关节炎、关节变形、高血压、痛风石、蛋白尿等：一般拒保</td><td colspan="2">① 偶尔发作，轻至中度的高尿酸血症，不伴有痛风性关节炎或痛风石者：一般可标准体承保；
② 频繁发作，伴有痛风性关节炎、关节变形、高血压、痛风石、蛋白尿等：可能加费承保</td></tr>
<tr><td>胆囊息肉</td><td>① 息肉不超过1厘米且无症状：一般除外承保；
② 息肉超过1厘米，有症状或有病变可疑的：通常需延期到明确性质或治疗以后；
③ 曾经手术切除息肉且确诊良性：一般可标准体承保</td><td colspan="2">① 息肉不超过1厘米且无症状：一般可标准体承保；
② 息肉超过1厘米，有症状或有病变可疑的：通常需延期到明确性质或治疗以后；如果不同时间多次检查发现息肉尺寸没有变化，无其他症状，有标准体承保可能性；
③ 曾经手术切除息肉且确诊良性：一般可标准体承保</td></tr>
<tr><td>肺结核</td><td>① 治疗中或治疗结束半年内：一般延期或拒保；
② 治疗结束半年后且无后遗症：一般除外承保；
③ 治疗后留有后遗症的，视后遗症情况评估，可能加费甚至拒保</td><td colspan="2">① 治疗中或治疗结束半年内：一般延期或拒保；
② 治疗结束半年后且无后遗症：一般可标准体承保；
③ 治疗后留有后遗症的，视后遗症情况评估，可能加费甚至拒保</td></tr>
</table>

续表

<table>
<tr><th>疾病</th><th>医疗险</th><th>重疾险</th><th>寿险</th></tr>
<tr><td>宫颈糜烂/宫颈炎</td><td>① 轻到中度且无病变：可能标准体或除外承保；
② 重度或有病变：一般延期或拒保</td><td colspan="2">① 轻到中度且无病变：一般可标准体承保；
② 重度或有病变：一般延期或拒保</td></tr>
<tr><td>前列腺增生</td><td>① 手术痊愈满1年，或未进行手术，但是PSA指标（前列腺特异性抗原）正常无并发症，2年未发病，一般可标准体承保；否则，可能除外承保；
② 未进行手术，PSA指标异常且出现并发症：可能拒保</td><td colspan="2">① 手术痊愈满1年，或未进行手术，但是PSA指标（前列腺特异性抗原）正常无并发症，2年未发病，一般可标准体承保；否则，可能除外承保；
② 未进行手术，PSA指标异常且出现并发症：可能标准体承保、除外承保或延期</td></tr>
<tr><td>二型糖尿病</td><td colspan="2">拒保</td><td>控制良好的糖尿病，部分寿险可能加费承保</td></tr>
<tr><td>肾炎</td><td colspan="2">① 急性肾小球肾炎治愈超过6个月，肾功能、血压和尿检均正常：一般可标准体承保；
② 其余类型肾炎：医疗险、重疾险通常不承保</td><td>① 急性肾小球肾炎治愈超过6个月，肾功能、血压和尿检均正常：一般可标准体承保；
② 其余类型肾炎：视病情，通常加费承保或拒保</td></tr>
<tr><td>肥胖</td><td colspan="2">① 17≤BMI≤28，通常标准体承保；
② 28＜BMI＜32，可能加费承保；
③ BMI≥32，加费承保或拒保</td><td>① 17≤BMI≤28，通常标准体承保；
② 28＜BMI＜32，可能标准体承保；
③ BMI≥32，可能加费承保</td></tr>
</table>

续表

<table>
<tr><th>疾病</th><th>医疗险</th><th>重疾险</th><th>寿险</th></tr>
<tr><td>脂肪肝</td><td colspan="2">① 轻度：如果肝功正常，不伴有其他肝病，通常可标准体承保；肝功异常或伴有其他肝病，则可能加费承保或拒保；
② 中度：一般需要加费，伴随其他异常多的甚至会拒保；
③ 重度：大部分都拒保</td><td>① 轻度：如果肝功正常，不伴有其他肝病，可标准体承保；肝功异常或伴有其它肝病，则可能加费承保或拒保；
② 中度：一般需要加费，伴随其他异常多的甚至会拒保；
③ 重度：部分寿险可承保</td></tr>
<tr><td>恶性肿瘤或不明性质的肿瘤、肿块、息肉、结节</td><td colspan="3">延期或拒保</td></tr>
<tr><td>二尖瓣返流/三尖瓣返流/心瓣膜受损</td><td colspan="3">① 确诊风湿性心脏病，一般都拒保；
② 如果只是心瓣膜受损，将根据受损程度、是否存在并发症、是否接受手术治疗等情况综合判断。心瓣膜受损在轻度以上，或存在并发症、或接受过手术治疗，通常拒保</td></tr>
</table>

● 身体有些小问题时的投保建议

（1）线上选择可以智能核保的产品先测一测。

反馈相应的健康问题后，看是否能承保。如果身体健康问题比较多，可以多试几个产品，最终选择限制更少、核保结果最好的那个。智能核保不会留下正式核保记录，大家可以放心大胆地多测几家。

（2）线上进行人工预核保或者邮件预核保。

如果智能核保没通过，或者被保险人的健康问题属于智能核保中的“其他问题”，部分产品还可进行人工预核保或邮件预核保，给出的核保结果可作为正式结果使用。目前，线上保险产品核保结果通常只有标准体承保、除外责任承保、不能投保三种（少数公司线上产品也可以给出加费承保结论）。所以对于一些可能加费承保的客户来说（如肥胖、高血压、大小三阳等人群），可以重点考虑线下产品。

（3）线下多家投保。

线下产品都是人工核保，对于身体有些小问题的消费者来说，不同保险公司对待这些健康问题的核保结果可能不同。多家投保可以增大承保概率，消费者选择核保结论最好的产品即可。

（4）团体保险。

如果个人保险很难通过，也可以尝试一下团体保险。团体保险相对于个人保险，一般费率会低一些，更重要的是，健康告知会放得宽松一些，因为团体保险的核保更依赖于一定人群的总体健康状况，而非个体健康情况。

目前比较常见的、核保能更松的是团体医疗险和团体一年期重疾险、寿险，团体长期重疾险核保还是与个体健康情况很相关。需要特别提醒的是，团险一般至少三人才能成团，所以为了挽救自己，一般你还得拉上至少两个小伙伴一起才行哦。

（5）选择限制更少的保险产品。

如果身体健康问题比较严重，那可能很多健康险产品都无法投保了，只能去选择限制更少的险种，比如防癌险。防癌险只保障癌症，只要没有与癌症直接关联的症状（如体检有非良性结节、肿瘤标志物偏高等）一般都可以投保，包括高血压、糖尿病等人群都是能投保的。

（6）改善身体条件后再投保。

有些妨碍投保的身体异常是可以通过自身改善去解决的。高高身边有个朋友，体重超200斤，BMI不符合产品规定，所以投不了，他说减肥半年后再投。写书时想起来又问他减肥咋样了，可他说："体重没减下去，多了一个心肌肥大……"真伤感。看来这个方法只对自我管控能力强的人适用。

两年不可抗辩

有些从业人员为了促成保单，会"建议"消费者隐瞒身体健康问题投保，"只要撑过两年没出险，就可以理赔了"。真的是这样吗?

- 两年不可抗辩的定义

《保险法》第十六条规定：

"订立保险合同，保险人就保险标的或者被保险人的有关情况提出询问的，投保人应当如实告知。

投保人故意或者因重大过失未履行前款规定的如实告知义务，足以影响保险人决定是否同意承保或者提高保险费率的，保险人有权解除合同。

前款规定的合同解除权，自保险人知道有解除事由之日起，超过三十日不行使而消灭。自合同成立之日起超过二年的，保险人不得解除合同；发生保险事故的，保险人应当承担赔偿或者给付保险金的责任。

投保人故意不履行如实告知义务的，保险人对于合同解除前发生的保险事故，不承担赔偿或者给付保险金的责任，并不退还保险费。

投保人因重大过失未履行如实告知义务，对保险事故的发生有严重影响的，保险人对于合同解除前发生的保险事故，不承担赔偿或者给付保险金的责任，但应当退还保险费。

保险事故是指保险合同约定的保险责任范围内的事故。”

下划线内容就是常说的“两年不可抗辩”，即保单生效2年后，就成为不可争议文件。但在条款中还有一个逻辑关系（见图4-8）。

（1）首先，投保人有义务如实告知。

（2）合同成立两年内，投保人故意或因重大过失未如实告知，保险公司可以解除合同及拒绝赔付。

（3）合同成立两年后，保险公司不能以未如实告知为由解除合同，但只有发生了合同规定的“保险事故”的，才应当赔付。如果不属于“保险事故”，即便不能解除合同，也可以不赔付。也就是说，合同不解除≠一定赔付。

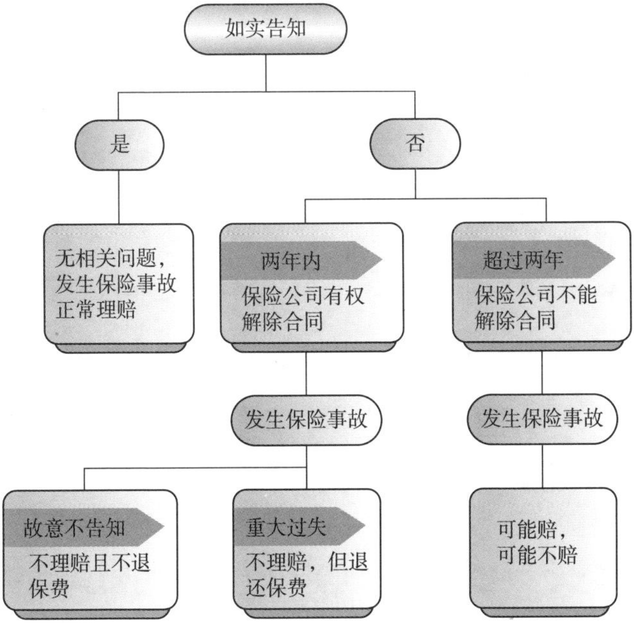

图 4-8　两年不可抗辩与如实告知

（4）对于故意不如实告知，保险公司不赔付且不退保费；对于因重大过失未如实告知，对保险事故发生有严重影响的，保险公司不赔付但是会退保费。

● 有了两年不可抗辩，一定能理赔吗？

案例一：

2011 年 1 月，A 先生投保重疾险；2014 年 9 月确诊淋巴瘤（癌症），向保险公司申请理赔；2014 年 10 月收到拒赔通知书。

拒赔原因：A 先生在投保前，自 2010 年 7 月开始就连续五次由于同一癌症接受化疗，并未如实告知，且倾向于故意不告知。同时，所患癌症并非首次确诊，不属于投保重疾险中的“保险事故”。

法院判决：支持保险公司胜诉。

案例二：

2012年7月，郑某购买了一份终身寿险；2014年8月郑某因食道癌死亡，受益人申请理赔；保险公司因郑某投保时在健康告知中有一项未如实告知为由拒赔。

法院判决：虽然郑某未履行如实告知义务，但保险合同成立时间已超过2年，也确实发生了保险事故，同时未告知项目并未对保险事故发生产生严重影响，因此保险公司需要履行赔付责任。

关于两年不可抗辩，有以下三种情况。

情况1：在投保时重疾已经发生

投保前，已有某种疾病的就诊记录，但未如实告知。即使撑过2年后，以该病或其他重疾为由申请理赔，也不适用“两年不可抗辩”。目前法院对于这种情况大多数都是拒赔，认为有恶意骗保的倾向。同时，严格来说，两年后申请理赔也基本都不符合重疾险条款中“初次发生”重疾的规定。

情况2：未如实告知，2年内发生保险事故

这种情况下保险公司一般都是会拒赔的，就算担心2年内会拒赔，拖延到2年后再申请，一般也很难拿到理赔。

情况3：未如实告知，2年后发生保险事故

可能赔，可能不赔。如果因过失未如实告知，理赔疾病与未如实告知疾病相关时不赔的概率还是不小的；不相关时赔的概率比较大。

总体而言，“两年不可抗辩”条款是对投保人、被保险人和受益人合法利益的法律保护伞，但绝不是可以不如实告知的理由。保险公司为了维护自己的利益，也为了最大限度地防止骗保的发生，通常也会进行被保险人健康状况抽查，一旦被发现带病投保，后果将会由消费者自己承担。

在大数据时代和诚信建设时代，主动风控的成本越来越低，诚信指标越来越重要，如实告知的作用会更加凸显。例如，有些保险公司已经在部分产品中进行了大数据风控，以致一些消费者“意外”发现自己不知为啥就是投保不了这些产品，很可能是因为进入了“黑名单”。对于已经投保但未如实告知的消费者，心里是忐忑的，因为难保保险公司两年内会采用一些技术手段发现你的“不诚实”，从而解除合同。

所以，建议还是要遵循保险合同的最大诚信原则，如实做好健康告知，这样买下来的保险才“保险”。

医保卡外借

很多人会将医保卡外借亲戚、朋友使用，看似和保险不相关，实际上会很大程度影响投保和理赔。

● 医保卡外借的后果

（1）影响投保。

医保卡一旦外借，所有的购药及就医记录都会保留。即使本人身体健康，但是医保卡外借留下了疾病记录，则可能影响本人投保商业保险。如果是感冒发烧这些小毛病还好，一般不会影响投保。但若是涉及保险产品的健康告知相关疾病的医疗记录，例如高血压、糖尿病、抑郁症等，则很可能导致本人投保时出现加费或拒保的结果。

（2）影响理赔结果。

保险公司在收到理赔报案后，会查询被保险人的相关资料对报案情况进行审核，而医保卡记录是保险公司审核的重要资料。如果医保卡外借留下了与出险情况相关的或者影响保险公司核保结论的医疗记录，将会影响后续理赔，导致理赔纠纷。

（3）道德风险。

将医保卡外借，使用者的行为在一定程度上可以看作是骗取医保报销。当前社会诚信体系的建立使得个人诚信越来越重要，医保卡外借存在一定的道德风险。

《社会保险法》第八十八条规定：以欺诈、伪造证明材料或者其他手段骗取社会保险待遇的，由社会保险行政部门责令退回骗取的社会保险金，处骗取金额二倍以上五倍以下的罚款。涉嫌犯罪的，移送司法机关依法处理。

● 医保卡外借的补救措施

如果还未投保，但是之前有过医保卡外借情况的，在投保前可以向多家保险公司进行咨询，说明具体情况进行人工核保，由保险公司来判断是否承保。目前部分保险公司是接受消费者告知医保卡外借情况并提供本人身体健康、无相关疾病证明材料的，保险公司审核材料后，消费者还有标准体承保的可能性。

已经投保了的客户，则可根据实际情况通过补充告知、补充提交本人身体健康的体检报告等方式，减少后续发生理赔纠纷的可能性。

20. 多家投保

大家平时对保险可能“爱理不理”，但真的有一天亲人朋友出事了，很可能就会觉得保险有必要买了。然而保险却真的不是“想买就能买”。高高身边经常有小伙伴咨询，我有甲状腺结节/肥胖/高血压等，有什么保险是我能买的？

从高高的身边人来看，完全符合健康告知（健康提问的答案全为“否”）的人群不到20%。所以非健康体是非常普遍的，怎样无隐患地买保险也成了大问题。

在身体健康时，可以随便选保险产品。身体出现不良指标时，就需要好好费心跟保险公司博弈，尽可能占保险公司的“便宜”了。

当然，高高教你的不是欺骗保险公司，而是如何跟保险公司博弈，在规则的夹缝中求得优势。如果身体有疾病或异常，不好买保险怎么办？在本书第19小节“怎样做好如实告知？”中高高分享了6个小建议，其中多家投保是很重要的一种。

什么是多家投保?

多家投保，顾名思义，同时投保好几家保险公司的同类产品（通常为3～5家），然后选择最适合自己需求的产品组合，并把更不需要或结果不满意的保单撤销，最大可能地替自己争取利益。

多家投保有什么好处?

- 增大承保概率

如果正式投保时曾经被一家保险公司因健康情况拒保过，那么很大概率会被下一家公司拒保，因为拒保记录有很大的参考意义。多家投保就避免了这个问题，因为都是一起投，各家公司的核保结果没有出来，所以可以放心大胆地在投保时健康告知的“过往拒赔、延期等经历”选项中勾选“否”。这样顺利承保的概率就大多了。

- 提高免体检额度

很多朋友嫌麻烦，不想参加保险公司的体检，况且体检可能又检出新的毛病，导致投保不了。一般重疾险产品的免体检额度在50万～80万元，如果想买100万元甚至更高保额的产品又不想体检，那么同时投2～3家保险公司就能解决这个问题了。

- 集合各家公司产品优点

各家公司的产品略有差异，有的在轻症责任上有优势，有的在多次赔付上有优势，选择困难症的朋友经常纠结得不得了，那么分拆额度，例如一家买20万元，另一家买30万元，就完美解决问题了。

多家投保的注意点

- 哪些产品需要进行多家投保？

多家投保非常耗费精力，所以通常我们需要进行多家投保的都是保费金额比较大的险种（如重疾险、寿险），小额的险种（如医疗险）建议酌情考虑自己的精力和需求，再决定是否要多家投保。

- 多家投保的排序？

多家投保一定要提前做好规划，把需要投保的产品都考虑进去，同时优化投保顺序，例如：

从产品渠道来说，由于线上产品的核保方式比较单一，如果有过拒保/延期等核保记录，通常就很难投保线上产品了，而线下产品会经过人工核保，可以审核更复杂的状况，所以可以先投线上产品再投线下。

从险种来说，意外、定寿、重疾、医疗对健康条件的要求逐渐增高，所以可以先投意外、定寿，再投重疾、医疗。

多家投保的方式

- 找不同保险公司的代理人

如果身边做保险的朋友比较多，可以多咨询几家保险公司的代理人，但自主进行多家投保细节比较多，要仔细考虑，比如同时做方案、同时投保、同时安排犹豫期、及时撤掉不需要的保单，等等。

- 保险经纪人

有多家投保需求的朋友，更建议寻找保险经纪人协助，因经纪公司可以代理多家保险公司的产品，所以可以通过一个经纪人同时投保多家保险公司，更加省心便捷。现在市场上很多经纪公司的业务模式都偏向这种，但也需要你找到比较大的经纪公司（签约产品更多）和比较靠谱的经纪人。

案例分享

高高在2018年初研究保险时，为了积攒一线经验，曾经协助几位朋友多家投保，感触颇深。其中一位朋友身体指标不乐观，同时投保了10家公司，前后陆陆续续沟通了两个月，光是纸质保单就填了整整一天，在基本所有公司都给出拒保/延期的情况下，大家都累得有些绝望，但最后一刻，一家较苛刻公司竟然愿意标准体承保。案例具有一定代表性，写出来与大家分享。

姓名：A君

性别：男

年龄：30岁

异常告知项目：

（1）六七年前经常胃痛，检查有十二指肠溃疡，之后吃药好了，也没再胃痛过。

（2）曾经幽门螺杆菌阳性，后面吃药后，体检都转为阴性，应该与当时溃疡有关。

（3）2017年体检提示慢性咽炎、轻度脂肪肝、甘油三酯增高、R-谷氨酰转肽酶增高、肾结晶、前列腺钙化灶等。

（4）2017年自觉偶尔轻微咳嗽，感冒后略加重，于是做了肺部CT检查，报告结论为疑似继发性肺结核；后续检查未发现肺结核疾病相关细菌；门诊医生口头表示为陈旧性病灶，不需要治疗，一年后复查。

上述异常告知项目中，前三项一般没有太大的问题，主要问题在于第（4）项，因肺部疾病风险是保险公司核保特别关注的内容之一，“疑似继发性肺结核”能承保概率可能非常低，但不同公司的态度可能会有区别，所以总共投保了包括重疾险、防癌险在内的10家公司的产品。

核保结果果然差异很大。

结果一：拒保

有1家公司认为风险太大，直接给出拒保结论。

结果二：延期

有4家公司延期了，认为风险不好判断，现在不能承保，建议以后再投。

结果三：下体检通知或提供CT复查报告

有4家公司认为目前风险不好判断，需配合保险公司的体检及复查肺部CT后，再根据报告结果给核保结论（见图4-9）。

根据我公司制度规定和正常工作程序，请您于5日内将以下事项的相应的资料或确认函交到我公司： 1.请提供后期肺部CT复查资料。

图 4-9　保险公司要求 A 君补充材料的通知

由于A君不想频繁做肺部CT检查，且复查结果很可能没有太大变化，于是将过往病情及医生陈述等写了非常详细、诚恳的情况说明，希望能够免去CT复查。很遗憾，保险公司没有同意，并给出延期结论。

结果四：标准体承保

在我们几乎要放弃的时候，让我们意外的是，最后一家公司重疾险的核保结论竟然是标准体承保。感慨万千，辛苦总算没有白费。

同时投保10家保险公司是比较极端的案例，太辛苦了，说实话，如果不是好朋友，高高也不愿意做的。一般来说，比较难确定核保结果的，可以多投几家；对于比较确定的、大多数公司都通用的核保规则，就没太必要浪费这个精力了。例如良性甲状腺结节通常除外责任承保，控制良好的高血压通常加费承保等，这时选两三家保险责任及费率最适合的产品投保就可以。

高高的建议：

（1）趁着身体健康、体检异常指标少、就医经历少，早些投保，拥有选择保险公司的权利，而不是等到被保险公司选择。毕竟，跟保险公司打多家投保这一仗，也挺辛苦的。

（2）如果身体状况真的不太好，都被拒保了，也不要太难过，尽力锻炼身体，提高身体素质，以后再尝试投保。

21. 投保中要注意的细节

投保中，条款看不懂是普遍问题。高高尽可能理出必须了解的一些重点术语，了解了这些，也就不至于出大问题。

投保人、被保险人、受益人的设定

• 定义

“投保人”是与保险公司订立保险合同并承担交保费责任的人，可以是被保险人本人（未成年人除外），也可以是被保险人的父母、配偶、子女等。“被保险人”是需要保障的这个人，是保险标的，例如妻子、丈夫、小孩等。“受益人”是保险事故发生时享有保险赔偿金请求权的人。

• 注意事项

（1）投保人与被保险人。

投保人与被保险人之间必须有法律上的保险利益关系，一般为本人、父母、配偶、子女等。部分产品也可以隔代投保，如爷爷给孙子投保。需要注意的是，一般男女朋友、媳妇与公婆、女婿与岳父母等关系是不能互相投保的。

被保险人是未成年人时，父母中有缴费能力、身体健康（需附加投保人豁免）、管理家庭保单的任一方作为投保人都可以；被保险人是成人时，是本人投保还是他人投保，视缴费能力、是否需要附加投保人豁免、保单权益归属、夫妻感情等因素决定。

（2）受益人。

一般来说，保单的现金价值属于投保人；被保险人未身故时的保险金（如生存年金、重疾险的疾病保险金等）受益人是被保险人本人（部分产品的生存年金受益人为投保人）；身故保险金受益人可以提前指定，未指定时将作为被保险人的遗产分配给法定继承人。受益人的指定，决定权在被保险人手中。为理赔便利及避免未来的遗产纠纷，发挥保险的定向传承作用，一般情况下，建议提前指定好受益人，有需要时，还可变更受益人及受益顺序、比例等。

保险责任

- 定义

即这个产品“保什么”。保险合同中约定的保险公司向被保险人提供保险保障的范围，包括出险后保险公司赔付的内容、金额等。

- 重要性

保险责任是保险公司承担保障责任、给付保险金的依据，是保险合同最关键的内容，必须知晓，一定要看清保障什么、什么情况下合同终止等。例如重疾险要关注疾病范围、等待期、赔付金额、赔付次数等，带有身故责任的重疾险还要关注是否重疾赔付后身故责任终止。投保人可以根据不同产品的保险责任选择最满足自身需求的产品。

责任免除

- 定义

即这个产品“不保什么”。保险合同的责任免除与保险责任相对，又称为“除外责任”。责任免除是指保险合同中，保险公司在承保风险范围另行约定的不承担或者限制承担的责任范围。

- 重要性

责任免除可以分为法定免责和自定免责：法定免责是指《保险法》规定的保险公司责任免除事项，包括：违反告知义务、保险欺诈、故意行为、自杀行为、犯罪行为等。自定免责是保险公司根据成本与产品形态，在保险条款中约定的不承担赔付责任的情形。投保人在进行投保时，一定要仔细阅读保险条款，了解产品的责任免除，知道哪些情况下不予理赔，才能防止误解，避免将来的纠纷。

案例：

2014年1月，王女士买了一份意外保险。当年国庆假期期间，爱美的王女士去医院做了整形手术。不幸的是，手术不但没有成功，还导致了王女士的身体残疾。在身体状况稍微稳定之后，王女士向保险公司提出了理赔要求，但被保险公司告知她的情况不属于这份意外险保单的赔付范围。因为在该意外险合同的“免责条款”中明确列出了“被保险人因整容手术或其他内、外科手术导致的医疗事故”这一条。所以，对于王女士的情况，这份意外险是不予理赔的。

犹豫期、等待期、宽限期、中止期

● 犹豫期

（1）定义。

即“买了之后可以无条件反悔的期间”。投保人在收到保险合同并书面签收后仍然拥有撤销保险合同权利的一段时间，一般是10天或15天内。在此期间，投保人可以提出解除保险合同的申请，保险公司扣除工本费后退还全部已缴保险费。

（2）作用。

犹豫期也称为冷静期，它的作用在于给投保人一个缓冲期，防止投保人因冲动而购买保险，是保险消费者的最大权利之一。由于保险产品复杂、条款晦涩难懂，很多产品是在消费者认知不完全、决策不清醒的状态下购买的。在犹豫期，投保人如果发现保险产品的保障内容与自己的保障需求不相符，可以申请退保。如果超过犹豫期退保，保险公司一般只退还保单的现金价值，损失会比较大。

- 等待期

（1）定义。

即“买保险后一段时间内若出险，则不赔”。又称为免责期或观察期，指保险合同生效后保险公司不承担保险金赔偿或给付责任的一段时间。一般重疾险、寿险为90或180天，医疗险为30天。

（2）作用。

设置等待期的目的是为了防止投保人明知道将发生保险事故，而马上投保以获得赔付的行为。

案例：

小李得了急性胃炎，想着明天去住院治疗。如果没有等待期的话，小李可以今天购买一份医疗险，保单明天生效，去住院就可以用上了。但是，有了等待期的设置，等待期内的保险事故是不赔的，那么小李即使今天买了医疗险也是来不及的。

在等待期内被保险人发生保险事故，受益人将不能获得保险金赔付，保险公司一般会无息退还保费，合同终止。不过，因为意外事故导致的保险事故一般不受等待期的限制。

案例：

2018年4月，于某投保了一份终身重疾险，等待期90天。同年5月初，于某外出，在国道上被一名女孩油门当刹车追尾，于某受重伤。庆幸的是，这位准爸爸在医院进行了开颅手术后，保险也最终顺利理赔。在这个案例中，因为追尾属于意外事故，所以即使没过等待期也可以获得赔付。如果是因为疾病需要进行开颅手术，那么在等待期内出险就无法获赔了。

● 宽限期

（1）定义。

即“欠交保费，在一定期限内可以补交”。宽限期是保险公司对投保人未按时缴纳续期保费所给予的宽限时间，《保险法》规定人身保险的宽限期为60天。

（2）作用。

设置宽限期主要是为了避免保险合同非故意失效的状况，给投保人一定的缓冲时间，延期交齐保费。并且如果被保险人在宽限期内出险，保险公司也要按照保险合同约定的保障责任进行赔付，但是要扣除欠缴的保险费。过了宽限期投保人仍未补足欠缴的保险费，则保险合同将会中止，或者由保险公司按照合同约定的条件减少保险金额。

案例：

2008年1月2日，吴先生购买了定期寿险和附加住院补偿医疗险，续期缴费日为2009年1月1日。当第2期缴费日临近时，由于吴先生工作繁忙，收到缴费通知后，未去办理缴费，之后也将此事搁置。而就在2009年1月18日，吴先生骑摩托车不慎摔伤导致手臂粉碎性骨折，经过近1个月的住院治疗。吴先生想起上年曾买过保险，但第2年保险费至今未交。于是吴先生担心，这次事故是否能得到保险公司的理赔?

在吴先生和保险公司签的合同中，宽限期为60天。虽然他忘记缴纳了第2年保费，但因保险事故的发生时间仍在第二年应缴保费日的宽限期内，保险公司在扣除吴先生欠缴保险费的前提下，仍会承担相应的赔偿责任。

- 中止期

（1）定义。

即“长期欠交保费，合同处于无效状态的期间”。由于投保人在保险合同约定的宽限期内未足额缴纳续期保费，造成的保险合同暂停履行的一段时间，一般为合同中止之日起的两年内（见

图4-10）。

图 4-10　一般人身保险合同的宽限期与中止期

（2）后果。

若被保险人在中止期内出险，保险公司不承担赔付责任。在中止期，经保险公司与投保人协商并达成协议，在投保人补交保险费后，合同效力恢复（复效），但是复效后需重新计算等待期，并且有些保险产品在保单复效时还可能需要重新体检。中止期结束后，将不能再申请复效，保险合同终止。

案例：

2009年3月13日，朱某为妻子邹某买了一份重疾险，等待期180天。该重疾险合同3月14日生效，交费方式是年交，交费日期为每年的3月13日，交费期满日为2018年3月13日。

朱某于2009年3月13日和2010年3月13日支付了前两年的保费。到了第三年缴费日，2011年3月13日，朱某没有缴纳保险费，当天，保险公司通过电话提醒朱某在60日宽限期内，即2011年5月13日前交费，防止保单失效。

直到2011年6月21日，朱某才交保费。同年8月，被保险人邹某被查出慢性髓细胞白血病，邹某向保险公司申请给付重疾保险金。由于保险合同于2011年6月21日复效，目前仍处于重新计算的等待期（180天）内，所以保险公司拒绝赔付保险金。

现金价值

- 定义

即“保单在退保时值多少钱”。现金价值是根据保险合同的约定，保单累计的实际价值，会随着保单年度发生变化。

- 产生

现金价值主要存在长期的保险产品中。例如长期重疾险，一般采取均衡费率的定价方式，即把投保人需要交的所有保费平摊到整个缴费期间内，使得投保人每期所交的保费相同。对重疾险来说，年轻时患重疾的概率要小于年老时，所以年轻时所交的保费比实际保障成本要高不少，多交的保费在扣除费用后，由保险公司逐年积累连同所产生的利息一起形成了保单的现金价值。

一年期意外险或医疗险这种短期产品的现金价值极低，或者根本没有现金价值。带有理财性质的保险，如年金险、增额终身寿险等现金价值很高。

- 用途

除了在退保时可以获得保单的现金价值以外，现金价值还有以下几方面的用途：

（1）**保单贷款**。

保单贷款是指以保单的现金价值做担保，投保人将持有的保单抵押给保险公司，按照保单现金价值的一定比例（一般上限为70%～90%）获得一笔贷款。在这个过程中，保单依旧有效，保障内容不受影响。保单贷款功能使得投保人面临资金困境时，有一个短期的资金周转方式。

案例：

孙先生最近生意上需要一笔钱，但是他之前已经在银行贷了款，现在很难再贷款了。后来孙先生听说，可以申请办理保单贷款,而自己之前正好投保了比较高额的增额终身寿险。经过查询，此时孙先生保单账户里已有420万元的现金价值，孙先生一次可以贷出336万元，且六个月的利息仅为17.6万元左右。在贷款期间，孙先生可以全部或部分偿还本息。如果在六个月贷款到期时，只偿还利息，则以还款日为新的起息日，保单贷款期限顺延六个月。同时，在保单贷款期间，保单的保障内容依然可以继续享有。

（2）**减额交清**。

减额交清是指把保单的现金价值用于一次性交清全部的保费，同时保额也相应减少。减额交清可以作为不想续缴保费又不想有太大损失的一种办法。

案例：

2004年10月21日，老万买了分红型两全保险，每年交3万元，身故受益人为儿子小万，保费交到2009年时，老万不想继续缴费，选择了减额交清。2011年10月2日，老万在钓鱼时因意外触电身故，小万向保险公司申请身故理赔。虽然老万两年前就已经没有继续交保费了，但是由于选择了减额交清，通过保单的现金价值一次性买断保单的效力，虽然保额也相应降低，但保险公司仍需给付一部分身故保险金。

（3）保费自动垫交。

保费自动垫交是指当投保人没有按时缴纳保费，且投保人的保单具有足够的现金价值时，保险公司会以现金价值自动垫交保费。从而避免投保人因忘交保费而导致保单失效失去保障的情况。

一般来说，保费自动垫交的时间点为宽限期届满的次日。发生垫交后，保险公司仍承担保险责任，但发生保险责任时，保险公司给付的保险金将先扣除垫交的保险费及利息。保费自动垫交后，保单的现金价值相应减少，同时保险公司还会收取一定的利息。因此，投保人在补缴保费时不仅要补缴保费，还需要交纳利息。

案例：

2007年2月，邓先生为妻子何女士购买了一款终身寿险并附加重疾险。为防止个人疏忽导致保险合同失效，邓先生在投保单上勾选了“保费自动垫交”功能。2013年1月，何女士因慢性肾功能衰竭入院治疗，3月复诊时，诊断为尿毒症。想到给妻子买过保险，邓先生赶紧翻出保单准备申请理赔，才发现自己从2012年开始就忘记交纳保费。好在，经保险公司查询，由于他选了“保费自动垫交”功能，何女士的保单没有失效。在邓先生补交保费及相应的利息之后，保险公司向何女士赔付20万余元的重疾保险金，保证了她的后续治疗。

（4）分红。

在分红保险中，保险公司并非按投保人所交保费占比来计算分红比例，而是按照保单的现金价值占比进行计算。

（5）转换年金。

有些产品可以申请将保单的现金价值转换为年金，从而使保单功能更为灵活。例如，一些重疾险产品条款中明确规定，到60/70周岁还未出险，投保人可以选择将保单的现金价值一次性转换为养老年金，逐年发给被保险人。

投保人豁免

- 定义

指投保人达到某种特定情况，如患轻症/中症/重疾/身故/全残等，保单后续的未交保费不用再交，但是保障不变。

- 作用

投保人豁免可以保障投保人在缴纳保费期间遇到风险的状况，使得即使家庭支柱（投保人）发生了风险，家人（被保险人）的保障仍能够继续存在。适用于父母给孩子投保、夫妻互保、家庭经济支柱给无缴费能力的老人投保等情况。

案例：

2016年5月，吴女士的丈夫付先生在某寿险公司购买了一份重疾险，被保险人是吴女士，投保人则是付先生，缴费期限30年，保障终身。投保时，作为家庭经济支柱的付先生为保单附加了一份投保人保费豁免保障。2018年，付先生不幸遭遇车祸，头部严重受伤。在开颅手术后，付先生完全丧失行为能力，日常生活无法自理。吴女士向保险公司报案，确认付先生的现状符合条件后，保险公司及时做出保费豁免决定。这意味着，吴女士的保单，从2018年付先生丧失行为能力后，就不需要再缴纳任何费用了，而保障仍然有效，直至保险合同终止。

- 费用

投保人豁免不是每个险种都有。首先，需为长期险。一年期及以下短期险就没有什么“后续未交保费”的事情。其次，部分重疾险、寿险、年金险等具有投保人豁免功能，如果选择附加，则需缴纳一定的保费。保费金额与投保人年龄、性别、年交保费等相关；缴费年限为主险缴费年限-1，例如主险为20年缴费，则附加投保人豁免为19年缴费。附加投保人豁免时需对投保人身体情况进行核保，所以建议选择有缴费能力且身体健康的家人作为投保人。

PART 5 后续篇

22. 保险犹豫期内要做的事

买了保险后，并不是高枕无忧，还有不少事情要做，这里侧重介绍几个关键事项。

为什么要重视犹豫期？

犹豫期，一般从投保人“签收保单回执”次日起开始计算，通常为10天或15天。犹豫期内，可以无条件退保，保费全额返还（有的公司会收取10元的工本费）。犹豫期后退保，只能退回现金价值，要承受较大的损失。因此建议在犹豫期内再次确认所购买的保险是否适合自己。

犹豫期内要做什么?

● 核实基本信息

(1)个人信息。

如投保人、被保险人以及指定受益人的姓名、身份证号等。

(2)投保单信息。

投保时填写的投保单影印件会附在保险合同中，消费者在收到正式的保险合同后，需要确认的主要内容包括：是否亲笔签名、健康告知内容是否无误等。

● 查看保险合同内容

(1)基本信息。

保单生效日(也是续期保费的交费日);主险和附加险的名称、年交保费、缴费年限、基本保额、保障期间等。

(2)保险责任。

主、附险的“保险责任”及“责任免除”，即哪些情况可以赔，哪些不能赔。

(3)名词解释及疾病释义。

例如，重疾险及医疗险需要注意：对医生资质的要求、医院等级的要求、确诊/检查/治疗的方法、需要符合的条件等。

(4)理赔资料。

了解发生保险责任范围内的风险时，需要提供哪些材料。

23. 补充告知

什么是补充告知?

补充告知是指在投保之后（保单承保后）针对在投保之前身体已经发生的异常状况进行补充说明。

保险秉承最大诚信原则，为了避免后续的理赔纠纷、保障保险公司与消费者双方的利益，要求投保人对保险公司健康告知中问到的问题都如实回答。但是难免出现投保时没有认真看健康告知，或者忘记相关内容的情况，这时就需要进行补充告知。

补充告知后的结果

收到补充告知后，保险公司要重新进行核保，再次对保单进行风险评估，做出标准体承保、加费承保、除外责任承保、延期或者拒保的决定。如果补充告知的健康异常不严重，则核保结论可能和首次一样；如果比较严重，则可能给出比首次核保更差的结论，甚至拒保。

如果拒保，就涉及保费退还的问题。一般分两种情况：一是犹豫期内（一般10～15天）补充告知。投保后及时发现了问题，在犹豫期内进行补充告知，如果被拒保或是对核保结论不满意想要退保，都是可以全额退还保费的。二是犹豫期后补充告知。此时被拒保一般只能退还保单的现金价值（见图5-1）。

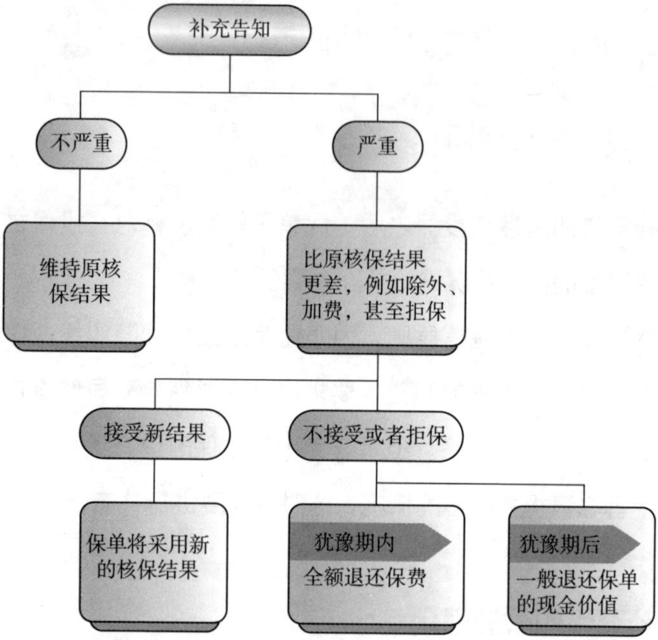

图 5-1　补充告知后的结果

对于犹豫期后补充告知，又分两种情况：保单生效两年内及两年后。

如果在保单生效两年内进行补充告知，且补充告知的健康异常比较严重，足以影响保险公司决定是否同意承保或者提高保险费率的，保险公司除了可以改变核保结论，甚至可以做出解除合约的决定。

如果在保单生效两年后再进行补充告知，即使所补充告知的健康异常特别严重，足以让保险公司做出拒保结论，但由于保单生效时间已经超过两年，依据“两年不可抗辩条款”，保险公司是不可以解除合约的。不过，保险公司还可以做出除外责任或加费承保的核保结论。如果消费者对新的核保结论不满意，也可以申请退保，退保的话，只能退还保单的现金价值。

综上，一旦补充告知，将面临重新核保的问题，甚至可能会影响之前的核保结论。对于消费者来说，为了避免损失，最好还是在投保时就做好如实告知。

24. 做好保单管理

时至今日，每个家庭里的保单越来越多。

你可能会说，我好像没怎么买过保险呀?

再仔细想想吧：每年都必须要买车险，这是一份保单；孩子上学，学校统一组织买了学平险；买张机票，平台在你眼皮底下默默地替你勾选了“航空意外险”；淘宝上买个东西，又顺手点了个退货运费险……

因此，保单管理就显得尤为重要了。

高高家里的保单零零碎碎加起来好几十张，所以做了很详细的保单管理账目，一方面，知道什么时候要交钱，提前预留资金，另一方面，也知道家人身上有了多少保障，心里总是多了一份安心。

保单管理的重要性

- 方便保险理赔的确认

保单是被保险人出险时能够得到理赔的凭证。除了地震等自然灾害和重大突发事故，保险公司一般是不会主动在被保险人遭遇事故时进行理赔的。我们需要主动向保险公司报案申请，提交相关理赔材料，保险公司核实以后才能够决定是否理赔。管理好保单，才知道谁买了什么保险、什么情况能赔、该赔多少。高高见过一些例子，花了很多钱买了保险，却因为各种考虑没有告诉家人，如果忽然因意外事故离去，交的这么多钱就等于白交了。

- 保费缴纳管理

每张长期保单，都意味着每年到了这个时候，就需要交费。如果没有提前准备好足够的钱，容易陷入窘迫的境地。做好保单管理，有助于提前预留好费用，妥善安排全年支出。

- 完善自身的保障

一般保障型保险组合包括：意外险+医疗险+重疾险+定期寿险。做好保单管理，有利于更清楚地知道：自己和家人已经配置了哪些保障，目前还存在哪些保障的缺失，这样才能有针对性地优化家庭保险的配置。

如何查询保单?

保单很分散，查询起来确实费事，高高目前能想到最好的办法是：先使用“中国保险万事通”微信公众号，能查到大部分保单，在此基础上，再仔细回忆，和家人一一验证，看还有没有遗漏的保单。

“中国保险万事通”是中国保险行业协会开发的，其数据是行业协会从各保险公司收集的，能查到大部分保单。

如何管理保单？

● 制作家庭保单管理表格

自己制作电子表格其实是最好的方式，一方面比较全，另一方面也便于保存和修改。具体方式是：把自己和家人购买过的保单分类制作一个表格，包括投保人、被保险人、险种、产品名称、保额、保障期间、保障责任、缴费年限、缴费金额、交费日期、银行卡号、报案电话、理赔材料等重要信息。每增加新的保单，就在表格新加一栏（见表5-1）。

表 5-1　保单管理样表

序号	被保险人	投保人	被保险人生日	投保人联系方式	保险产品名称	保单号/合同号	健康险			寿险		意外		现金流			保险金额/份数	缴费期	银行卡（尾号）	保险期间	保费	缴费日	生效日	到期日	受益人
							轻症	重疾	住院	身故	全残	意外身故与伤残	意外医疗	年金	养老金	满期金									
1																									
2																									
3																									
4																									
5																									

在列好清单之后，还需要把保单存档：

方式一：把所有保单纸质化，即把所有购买的保险产品的电子保单全部打印出来，与其他纸质形式的保单一起统一放置文件袋里进行保管，并与家庭其他重要文件放置在一起，不至于被遗忘。

方式二：把所有保单电子化，即把所有纸质保单拍照上传，与其他电子保单存在同一文件夹中，存在电脑里，并且进行移动硬盘或云盘备份。在整理备份之后最好也发到家人的邮箱，与家人共享信息。当然，稳妥起见，也可以所有保单纸质化与电子化同时进行。

- 专业代理人/经纪人/机构管理保单

有些消费者出于各种考虑，不希望将保单存在自己身边，而交由保险机构或者代理人代管。在选择他们管理保单时，一定要擦亮眼睛选择靠谱的人、靠谱的机构，防止自己的利益受损。

- 利用线上的保单管理工具

有些互联网平台推出了保单托管服务的功能，虽然能起到一部分作用，但也存在不足：一是个人隐私可能泄露；二是没法查询保单，还是需要自己录入；三是万一平台运营不下去，数据也可能会丢失。

25. 做好保全

什么是保全?

● 定义

买完保险后，有时候我们搬家了、换电话了，或者要更改受益人等，怎么办呢？这就需要进行保全，以预防后期发生理赔纠纷。

● 保全的内容

（1）变更基本信息。

如果缴费银行账户以及电话、邮箱、地址等发生变化时，需及时向保险公司申请保全变更，防止后期出现缴费失败、保单失效等问题。

（2）变更保障计划。

如投保人变更、受益人变更、投保金额变更以及追加保费等涉及保险计划本身的变更，也需要与保险公司沟通进行保全。

（3）变更保障利益。

如保单的红利、返还的生存金等消费者可领取的保单利益，可向保险公司申请领取，如果领取方式需要变更，也可进行保全。

怎样做好保全?

备齐所需文件（保险合同、相关的身份证件和申请材料等），向保险公司提出变更申请，经保险公司审核确认后即可。现在很多保险公司也开通了线上保全服务（如公司官方微信公众号等），非常方便（见图5-2）。保全完成后，一般会以批注或批单的形式在保险合同中体现。

线上保全举例

保险合同变更申请书（常用版）

保险单号 ____________ 申请人 ____________ 申请日期 ____ 年 __ 月 __ 日

填写说明：请您用黑色钢笔或签字笔在申请变更项目前的 打□√，并在横线上填写所需变更的内。若发生涂改本申请无效。为维护您的权益，请勿在未经您填写的空白申请书上签名。签名前请再次核对新填写的内容，一经签字确认视为您同意对上述保单进行相应的变更处理。所有保险责任以合同所载为准，除由本公司经正式程序修改批准内容外，其它任何人口头及书面陈述、报告或合约，本公司无需负责。

客户信息变更类		
1.1□客户信息变更 □姓名证件 □年龄性别 □职业工种 □联系方式 □ ______	客户角色 投保人 被保险人 ______ 受益人 ______	姓名______ 性别□男□女 出生日期___年___月___日 证件类型 □身份证 □护照 □其他____ 证件号码 ________ 证件有效期 ______ 至 ______ 婚姻状况 _____ 国籍______ 职业工种 _____（职业代码）____ 工作单位 ________ 通讯地址 ________________ 邮政编码______ 电子邮件 ________ 移动电话 __________ 固定电话（区号）____ — ______
1.2□投保人变更	新投保人姓名 ______ 新投保人是被保人的 ____（单称） 注：请同时在1.1客户信息变更和1.3付款信息变更区域填写所有信息。 若保险合同有投保人连带保险责任事项是，请新投保人同时填写《健康告知书》。	
1.3□付款信息变更	□现金 □转账 户名_____ 开户银行______ 账号 ________ 注：投保人须以自己真实姓名开立账户，并自愿授权本公司使用指定银行储蓄账户用于续期保险费转账扣款，投保人应保证保险费应付当月有足够款项以备划转，若由于账户金额不足、授权账户错误、账户注销或授权账户不符合要求而导致转账不成功，由此产生的责任由投保人承担。	
1.4□受益人变更 □生存受益人 □身故受益人	见下表	
1.5□保单迁移	迁出机构____分公司____支公司 迁入机构 _____分公司 _____支公司 （迁入后）通讯地址____________ 固定电话___—______ 联系电话 ________ 注：请同时在1.3付款信息变更区域填写所有信息。	
客户权益变更类		
2.1□生存金给付 □满期金给付 □养老金/年金领取	领取金额 ______ 元 受益人信息： 姓名 ______ 性别 ___ 国籍 ____ 职业 ______与投保人关系 ____ 证件类型□身份证□护照□其他______ 证件号码 ________ 证件有效期 ______ 至______ 联系电话 ________ 住所地或工作单位地址____________	
2.2□生存金领取方式变更	□现金领取 □自动转账 □累积生息 □抵交保费 □进入万能 生存金受益人姓（户名）____开户银行 _____ 银行账号 ________	
2.3□红利领取	领取金额______ 元	
2.4□红利领取方式变更	□累计生息 □现金领取 □其他______	

1.4□受益人变更表：

被保险人姓名	受益人姓名	性别	证件类型	证件号码	与被保人关系	受益顺序	受益比例

线下保全举例

图 5-2　线上线下保全

26. 做好续保

什么是续保?

● 定义

对于一些短期险种而言，经常要进行“续保”。续保是指在保单期满前或下次缴费日前，投保人和保险公司双方约定以原合同承保条件或者以一定附加条件继续承保的行为。

● 分类

（1）保证续保。

在保单期满前或下次缴费日前，只要投保人提出续保申请，保险公司必须按照约定费率和原条款继续承保。保险公司对被保险人一旦承诺保证续保，就不能因为被保险人的身体健康状况、产品停售等问题拒绝投保人的续保申请。

对于一年以上的长期险，在保单的保障期间内都是保证续保的，且承保内容不会发生变化。例如保障期间为几十年或终身，缴费年限为20年、30年等，只要在下次缴费日宽限期期满前及时缴纳续期保费（一般人身保险有60天宽限期），就算续保成功，无须保险公司审核（见表5-2）。

表 5-2　保证续保与非保证续保对比

续保类型	保证续保	非保证续保
续保方式	投保人按时缴纳续期保费	一般需要投保人提出续保申请，并按时缴纳续期保费
保证续保期间	保障期间或产品规定的保证续保期间	无
是否需要保险公司审核	否	通常需要
适用产品	长期险，以及规定保证续保年限的一年期短期险	未规定保证续保年限的一年期短期险

对于一年期的短期险，如百万医疗险，目前市场上的产品最长可保证续保6年。

（2）非保证续保。

对于不能保证续保的一年期短期险，一般会在保险条款或产品说明中写道：可连续续保至某个年龄（如88周岁等）。但是这里的可连续续保，并不是保证续保。因为保险公司有可能根据整体的经营状况及产品的赔付情况等调整费率，甚至停售该产品，或者推出新的产品。这样消费者就无法按照原费率及原条款继续享有保障了。

比较好的情况是，不因消费者个人的情况单独调费或改变保障内容，即便产品停售，也可以续保至新的产品。目前市场上的短期险，如百万医疗险、一年期重疾险等多为非保证续保产品。

案例：

2018年，32岁的张小姐为自己购买了一份一年期的医疗险，销售人员告诉张小姐这款保险是可以连续投保至88岁的。但是，2019年保障到期张小姐想要续保时，联系销售人员，却被告知这款医疗险已经停售了，让张小姐投保其他产品。翻看上年投保时的保险合同，张小姐才发现，条款中确实写明了如果产品停售，将不能续保。张小姐后悔自己没有看清续保条款，在2019年重新投保医疗险时，就重新选择了一款保证续保六年的产品。

为什么要做好续保?

(1)无等待期。

一般情况下，如果保险的保障期满而没有续保，过了一段时间再去买一份新的保险，需要重新经历等待期。而如果直接续保的话，一般都是没有等待期的，这样有效保障的时间就可以更长。

(2)持续保障。

当保险的保障期满后，没有进行续保的这段时间是没有保障的，即便后来再投保其他产品，也可能经历一段保障空白期，如果在此期间发生风险，不仅没有保障，还可能影响之后买保险。

(3)避免健康告知及重新审核。

如果不续保原产品，而是投保新产品，则通常需要重新健康告知及审核，可能出现不符合条件无法投保的情况。而如果续保，则很多产品都是免健康告知的。

（4）节省保费。

对于终身重疾等长期险来说，每年交的保费金额是与年龄相关的，如果不续保原产品，而是投保新产品，则将按照新的年龄计算保费，除非新产品性价比很高，否则保费通常将比原产品更高。

续保的方式

（1）一年期短期险。

一般在保单到期一个月内，保险公司会发送是否续保的通知给投保人，投保人按要求进行续保缴费即可。如果产品停售或无法续保，保险公司一般也会提前发送相关信息，投保人需转投其他产品。

（2）长期险。

在保单的保障期间内都是保证续保的，只要在下次缴费日的宽限期期满前及时缴纳续期保费（一般人身保险有60天宽限期），就算续保成功。

27. 如何退保

什么是退保?

● 定义

退保是指在保险期限内，投保人向保险公司要求解除保险合同的行为。一般来说，消费者退保的原因一般包括：买错保险、退保再重新投保、更换新产品等。

● 分类

退保可分为犹豫期内退保与正常退保，两者的主要区别是退保后能退还的金额不同（见表5-3）。

表 5-3　退保的分类

退保类型	犹豫期内退保	正常退保
退保时间	犹豫期内	犹豫期后
退还费用	已交保费 （可能扣除10元工本费）	保单的现金价值

犹豫期内退保指投保人在合同约定的犹豫期间内申请退保，一般保险产品的犹豫期为“签收保单回执”次日起的10天或15天内。在犹豫期内退保将退还已交保费，损失最多为10元的工本费。

超过犹豫期的退保则视为正常退保。此时保险公司只退还保单的“现金价值”。在保单初期，消费者交的保费扣除各项成本及风险保费后，保单的现金价值很可能比已交保费低不少，因此正常退保很可能会产生一定的损失，需要慎重选择。此外，一些领取过保险金的保单可能无法申请退保，也有部分产品（如重疾险等）会在条款中写明“领取重疾保险金后保单现金价值降为零”。

案例:

杨女士半年前在保险公司业务员的介绍下买了一款两全保险。业务员说买这份保险每年交保费10万元，连交10年，并详细介绍了可以获得的保险利益。当时杨女士的卡上刚好有老公打进来的10万元，脑子一热就投保了。后来觉得买得不合适想要退保，业务员告诉她首年10万元的保费只能拿回来4.5万元左右，要损失一半以上，杨女士有点接受不了，怎么才半年就要损失这么多钱?

退保的变通方式

由于在犹豫期后退保很可能产生损失，所以建议在购买保险前要慎重考虑，不要轻易退保。实在需要，以下几个变通方式可以一定程度上减少退保损失:

（1）减额交清。用保单的现金价值抵缴保费，保险期限不变，但保额将随保费的降低而降低，也可理解为“部分退保”。例如，原来交10年、保额10万元的保险合同，在交了5年保费后不想再交费了，那么可以通过减额交清的方式把保额降低为5万元左右，之后的保费就不用再交了，保单继续有效。

（2）利用保单复效。保单复效是指在保险合同中止之日起的两年内，投保人与保险公司对恢复保险合同进行协商并达成一致的协议（详见本书第21小节“中止期”）。如果两年后还没有向保险公司申请复效，保单就将彻底失效。保单复效这种方式适合投保人短期内资金短缺的情况。不过需要注意的是，保单复效后需要重新计算等待期，并且有些保险产品在保单复效时还可能需要重新体检。

（3）保单转换。现在市场上不少保险公司也开始为投保人提供能够进行转换的新产品及保单转换服务。这种方式适合因产品更新换代想要退掉原来的产品选择新产品的客户。

（4）当保单的现金价值大于保费时再退保。比较适用于年金险等理财型保险，理财型保险的现金价值通常比保障型保险更高，当然，即便是理财型保险，要等到保单的现金价值超过已交保费也需要一定的时间。

退保的注意事项

投保人（如果是被保险人申请办理退保，须取得投保人书面同意）申请办理退保时，一般需要提供解除合同申请书、保险合同、投保人的身份证明等材料向保险公司申请退保。委托他人办理的，还要提供投保人的委托书、委托人的身份证等。退保通常需要前往保险公司网点办理（提前打保险公司客服电话咨询），部分保险产品（如线上医疗险、意外险等）也可以直接电话或者在线申请退保。

关于退保，还需注意以下事项：

（1）一般来说，投保时间越短，退保损失的比例就越大，所以退保需要慎重决定。

（2）退保后再投保时，需要重新核保。因此要根据被保险人的健康状况谨慎退保，如果当前健康状况比较难投保时，不建议退保。

（3）等新买的保险产品过了等待期再退保旧产品。这样才使保障可以无缝衔接，避免出现保障空白期。

总之，投保人在投保之前最好了解清楚自己的需求及选择的保险产品，如果不合适最好在犹豫期内退保，将损失降到最小。确实要在犹豫期后退保的，也要尽量做好保单的衔接。

28. 如何理赔

什么是保险理赔?

● 定义

简单地说，保险理赔是保险公司在被保险人发生风险事故后，对被保险人或受益人提出的索赔请求进行处理的行为。例如，买了意外险，被保险人产生了意外医疗费用，保险公司赔偿（报销）保险责任内相关费用；买了重疾险，被保险人罹患重疾，保险公司给付重疾保险金等。

● 保险理赔的方式

保险理赔方式一般有两种：赔偿和给付。

赔偿是补偿性质的，只对实际损失的部分进行补偿，补偿的金额最多与被保险人的损失持平，不会超过损失的金额。例如医疗险为赔偿型（报销型），出险后保险公司赔偿（报销）的金额不会超过实际的医疗费用。

给付是指在出险后，保险公司根据投保时保单上的金额给付相应保险金。例如重疾险为给付型，在被保险人发生重疾后，保险公司给付约定金额的重疾保险金，投保时买的保额越高，理赔时保险公司给付的金额就越高，与治疗重疾的花费无关。

案例：

李先生同时买了50万元保额的重疾险和保额100万元的住院医疗险（免赔额1万元，100%报销，含社保外费用）。半年后，李先生得了肺癌，手术治疗等医疗费用共计25万元，通过医保报销了8万元，自费共计17万元。那么李先生可以通过保险公司获得的赔付金额为：重疾险赔付50万元，医疗险赔付16万元（自费部分17万元−1万元免赔额）。

保险理赔流程及所需材料

• 理赔流程

一般来说，保险理赔流程如下（见图5-3）：

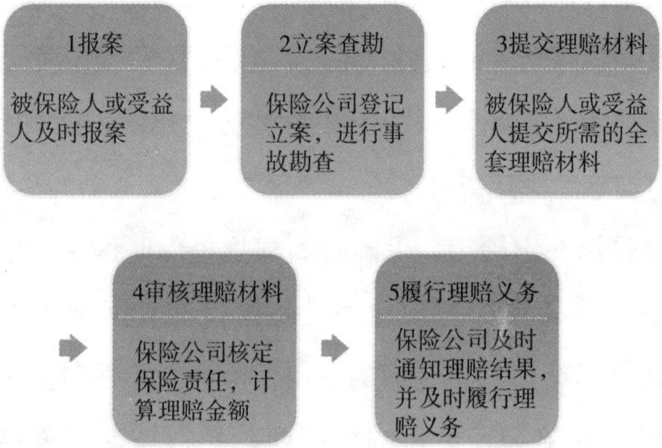

图5-3　理赔流程

（1）报案。出险后，被保险人或受益人拨打保险公司理赔电话报案。一般在事故发生后，保险公司是不会主动理赔的，也通常不知道被保险人发生了保险事故，因此，需要被保险人或受益人主动报案。此外，报案也有时间限制，一般保险公司会要求在保险事故发生之日起的某一段时间内报案（如10日内）。如果未及时报案，可能需承担由于延迟报案导致增加的勘查、检验等费用，严重的甚至影响理赔。

（2）立案查勘。保险公司接到报案后，会登记立案，进行事故勘查等。

（3）提交理赔材料。被保险人或受益人向保险公司提交所需的全套理赔材料，材料不全时，保险公司会要求补充。

（4）审核理赔材料，核定保险责任。保险公司对提交的理赔材料进行审核，计算需要赔付的金额，及时做出是否理赔的结论。

（5）履行理赔义务。保险公司应及时将核定的理赔结果通知被保险人或受益人，并及时履行理赔义务。

- 理赔所需材料

保险理赔一般需要提供以下材料：

（1）保险合同（纸质版或电子版）。

（2）受益人的有效身份证件。

（3）保险公司认可的机构出具的医疗病历及费用发票、疾病诊断书、死亡证明书等与保险事故相关的证明材料。

（4）理赔申请书。

（5）其他根据保险合同规定的应当提供的文件。

保险理赔注意事项

（1）风险发生前，要做好保单管理。

在购买保险产品之前要对产品的保障内容、保险责任认真了解，并且对保单进行妥善管理，出险时才能及时判断发生的事故是否在保障范围内，高效准备好理赔材料。

（2）风险发生后，要及时报案，注意理赔时效。

发生风险后及时拨打保险公司理赔电话报案，并根据要求准备齐全理赔资料，否则可能导致证据遗失而无法界定保险责任。

同时，要特别注意索赔时效的问题，索赔时效从被保险人或受益人知道保险事故发生之日算起。不同的险种索赔时效不同，人寿保险的索赔时效一般为5年，健康险和意外险的索赔时效一般为2年。保险理赔必须在索赔时效内提出，超过时效未提出索赔，视为放弃权利。

（3）风险发生后，保存好各种单据及理赔所需文件。

例如，对于医疗险来说，保存好住院治疗的诊断书、住院日志、发票等全套材料，以便保险公司核定是否属于保险责任，最终顺利理赔。

29. 理赔有争议怎么办

常见拒赔理由

消费者大多担心保险公司以各种理由刁难不赔。以下列举了常见的不赔原因供大家参考，避开了这些，就不用太担心理赔问题了。

- 等待期出险

一般重疾险、寿险等待期为90或180天，医疗险为30天。

案例：

2014年2月13日，林先生买了一份终身重疾险。2014年5月2日，林先生查出肝癌，向保险公司申请理赔，但保险公司却告知不承担保险责任，因为林先生的保单有180天的等待期，在等待期内罹患重疾，保险公司不承担重疾保险金赔付责任，而是无息退还保费，保单终止。

应对方式：对被保险人来说，虽然在等待期内出险概率很小，但这段时间毕竟是保险保障的“真空期”，建议在投保时尽可能选择等待期较短的产品。同时，如果不是情况紧急或病情需要，建议过了等待期再去就医或体检。

- 未如实告知

在投保重疾险、寿险、医疗险等保险产品时，保险公司通常会以健康问卷的形式要求投保人对被保险人的健康情况进行如实告知。在出险后，保险公司调查发现投保人未进行如实告知的，保险公司有理由拒绝赔付。在过去健康险的拒赔理由中，绝大多数是因为“未如实告知”。

案例：

2017年，汤女士购买了一份重大疾病保险，保额50万元。一年后，汤女士查出患有甲状腺癌，向保险公司申请理赔。保险公司调查发现，汤女士在投保前曾经检查出有甲状腺结节，但是投保时并未如实告知。最终保险公司给出拒赔结论，解除保险合同，退还汤女士已交保费。

应对方式：投保时务必如实告知。其实如实告知患有某些疾病，最终的核保结果也不一定不保，但如果不如实告知，反而可能给未来理赔留下隐患，可参考本书第19小节相关内容。

- 不在保险责任范围内

由于被保险人或受益人没有了解清楚保单的保险责任，保险事故与投保险种保障内容不对应、不在保险责任范围内，致使保险公司拒绝理赔。

案例：

吴女士为丈夫投保了一份定期寿险，2019年2月初，吴女士丈夫因为罹患胰腺炎住院大半个月。此前吴女士投保时，听说隔壁邻居因为胃炎住院，最后得到保险公司几千块钱的理赔。于是，她也马上向保险公司申请理赔，最后却被拒赔：吴女士投保的险种为定期寿险，保险责任中并不包含医疗保障。

应对方式：投保时务必了解清楚保单的保险责任。不同的险种，保障责任也有所不同。不在保险责任范围内的，保险公司是不会理赔的。

- 属于保险的除外责任

保险公司在设计保险产品时，会在保险条款中明确写明有哪些除外责任（即免责条款），发生除外责任里的情况时，保险公司是拒绝理赔的。

案例：

李先生去泰国旅游前购买了一份短期旅行意外险，之后不幸在潜水过程中身亡。事后，李先生家人到保险公司索赔时，保险公司做出了拒赔的决定。拒赔理由为，李先生购买的旅行意外险中，攀岩、漂流、潜水、滑雪、蹦极、冲浪等高风险活动所造成的人身伤亡或财产损失均属于保险公司免责条款。

应对方式：一般在保险条款中都会加粗标注免责条款，消费者在投保时一定要仔细阅读，避免出险后申请理赔出现争议。

- 未及时缴费

投保人因未管理好保单或未做好保单保全而忘记缴纳保费导致保单中止或终止，此时出险，保险公司是不承担赔付责任的。

案例：

彭先生两年前投保了一份医疗险，并勾选了自动续费，近日因肾炎住院半个月后，在向保险公司申请理赔时，却被保险公司拒赔了。原来彭先生用于交费的银行卡余额不足，且彭先生上年换了手机号，保险公司无法联系到彭先生，最终因未及时缴纳保费，其保单已经中止。

应对方式：投保人应定期进行保单检视，关注保单状态，同时保持银行卡余额充足，以便及时缴纳保费；如果更换手机号等，要及时进行保全。

- 超过保障期限

很多保险产品都有保障期限，例如意外医疗险一般只能理赔意外事故发生后180天内的医疗费用；医疗险到期后，治疗还未结束，保障可能还可以延续一段时间，如30天、60天、90天等。超过保险合同规定的保障期限后，发生的费用或损失，保险公司是不赔付的。

案例：

郑先生因为意外骨折住院，医生给他钉了钢钉，半年后，郑先生去医院取出钢钉。前期的医疗费用，保险公司顺利理赔了，但是最后取钢钉的费用，被拒赔了。保险公司表示，郑先生投保的意外医疗险，只能理赔意外事故发生后180天内的医疗费用，取出钢钉时已经超过了保障期限，所以这部分费用不能赔。

应对方式：如果被保险人需要接受比较长期的治疗，可能会超过保险合同约定的保障期限，可以在不影响治疗效果的情况下，适度提前治疗或者提早将药品等开出来，以便获得理赔。或者提前与保险公司协商，约定结算方式，看是否能将未来的某一笔医疗费用算在当期责任里。

- 保险合同非本人签名

保险合同应由投保人、被保险人本人签名，如果非本人签名且后续没有做签名的保全变更，则代签名的合同是无效的，如果出险保险公司可以此为由拒绝理赔。例如，《保险法》第三十四条规定："以死亡为给付保险金条件的合同，未经被保险人同意并认可保险金额的，合同无效。"

案例：

2012年，王先生为父亲买了一份人寿保险，但父亲一直反对买保险。在代理人"出主意"下，王先生替父亲签了名。2014年，王先生的父亲病逝，但理赔申请却被保险公司拒绝，因为保险公司发现被保险人签名并非其本人所写。代理人推脱责任，不承认当时的"建议"，王先生又无法证明实际情况，最终没有办法得到赔款。

应对方式：为了保险合同有效，以及将来理赔顺利，无论是亲人之间互相投保，还是公司老板给员工买保险，建议都要亲笔签名，不要让人"代劳"。如果有代签名的情况，应及时与保险公司联系，进行补签名或签名变更的手续。

● 未及时报案，超过索赔时效

出险后未及时报案导致证据遗失无法界定保险责任，或是超过了索赔时效（一般人寿保险的索赔时效为5年，健康险和意外险的索赔时效为2年），保险公司是可以拒绝理赔的。

案例：

童先生在驾车出差途中发生了交通事故，经当地交警认定，童先生应当承担30%的车损责任。由于事发突然、工作任务紧急，童先生将车安置在事故地的修车厂后离开，第三天去取车时才想起来给保险公司打电话报案，最终保险公司以童先生未在车险合同规定的48小时之内报案、无法界定保险责任及损失为由拒绝赔偿。

应对方式：一旦发生保险事故，消费者最好在第一时间报案。不过，“未能在合同规定时间内及时报案”的情况比较常见，如果有合理的理由和特殊情况，可以向保险公司争取一下。

● 提供的理赔资料不齐全

按照保险公司的要求提供完备的资料，对保险公司核实理赔工作至关重要。如果必要的材料未能提供齐全，保险公司也可能会拒绝理赔。

案例:

钟先生因务工期间意外事故导致残疾，向保险公司提出索赔时，只准备了身份证明、病历单、出院证明等，保险公司要求他还要提供意外事故证明、法医学鉴定书或医院鉴定诊断书等理赔材料。但施工单位一直回避责任，拒不出具意外事故证明，导致钟先生迟迟无法获得理赔。

应对方式:《保险法》规定保险公司认为理赔有关的证明和资料不完整时，应当及时一次性通知申请方，要求其补充提供。保险事故发生后,被保险人应当妥善保管就诊记录，并要收集整理与确认保险事故性质、原因、损失程度等有关的证明和资料，为保险顺利理赔做充足的准备。

- 非直接原因

保险理赔遵循近因原则，即只有保险事故与损失有直接因果关系、是造成损失的最直接的原因时，保险公司才会依据保险合同进行相应的理赔。否则，将无法理赔。

案例:

2008年某城郊公路上发生一起轿车与货车相撞的交通事故，坐在驾驶座的徐先生当场身故，后座上的张先生被撞断了胳膊，失血较多，送往医院抢救，在急救中因心肌梗塞突发，第二日身故。公司曾为两人购买过团体人身意外伤害保险，保额为20万元。事故发生后，立即向保险公司报案，申请理赔。

保险公司经过调查后认定：徐先生死亡的直接原因为车祸，属于意外伤害身故责任约定的范围，保险公司赔偿20万元；张先生最终死因是心肌梗塞，不属于意外伤害身故的保障责任范围，因此，保险公司不承担意外身故保险金20万元，但是，张先生在车祸中被撞断了胳膊，属于意外伤害伤残责任范围，可获赔意外伤残保险金10万元。

应对方式：受益人或被保险人要了解保险事故与最终结果之间是否存在关联性，是不是直接原因。事故发生后，应保留事故原因证据，应对保险责任认定。

- 消费者自身扩大的损失

发生保险事故后，如果由于自己额外操作所造成的损失增加部分，保险公司可能会不予理赔。

案例：

2018年，彭先生的车在行驶中进水，彭先生下车一看，熄火了，于是他上车重新启动发动机，结果导致发动机进水。彭先生向保险公司申请理赔，保险公司说因为是彭先生自己重新启动车子后导致发动机进水的，因此发动机的损失不能赔。

应对方式：事故发生，车主在第一时间报案后，可以及时拍照，保留证据，有可能的话可以等待保险公司派车勘查施救，千万不要急于自己处理。

保险纠纷的常见解决方式

保险合同产生理赔争议后，处理方式一般有协商、调解、仲裁与诉讼。消费者可根据理赔争议的具体情况选择合适的处理方式。

- 协商

在出险后，一定要据理力争，通常在合理的情况下，保险公司也不会故意拒赔。在一些责任模糊的情况下，可以通过协商取得双方都能接受的结果。

案例：

2018年，林先生购买了某百万医疗险，后因肝癌住院，保险公司查出林先生的社保卡曾有肝部疾病购药记录，但健康告知时隐瞒了相关疾病，拒绝理赔。林先生解释，社保卡购药是因为外借他人使用，自身并无相关疾病史。在多次沟通下，林先生和保险公司达成一致，保险公司承担此次医疗费用，但不再续保。

● 调解

如果协商不成，可以找第三方调解，如人民调解委员会，但调解不具有法律强制力。

案例：

2015年11月，某保险公司接到报案，投保过该公司的小额意外伤害险的赵某在2015年7月摘苹果过程中意外从果树上摔下导致身故，但已经进行了土葬。家属称在2014年买完保险后忘记了保单的存在，直到2015年保险公司到该村宣传时才想起来，故延迟报案。保险公司在调查过程中发现：赵某摔下来的那棵树高度不到2米，并且树干并没有折损痕迹，认为不具备摔下致亡的现场环境；赵某有癫痫病史，但是现场没有证据证明是犯癫痫致死。

由于报案有所延迟，保险公司没有办法对事故现场以及赵某的伤情进行判断。同时，事故发生后，没有经过专业的医疗机构鉴定赵某的死因，家属即进行了土葬，对事故性质的判定带来了一定的困扰。对于意外伤害责任的理赔来说，该案不具备按照意外伤害责任给付的充分条件。

但是，依据赵某所居住村委会出具的死亡证明，当地公安机关在2015年8月出具的销户证明中注明了死亡原因为摔伤。除此之外，其余证明均不能完全指向保险责任所指的意外身故。鉴于此种情形，保险公司与赵某家属协商通过当地保险行业协会人民调解委员会(以下称“保调委”)作为第三方调解处理此案。在保调委的主持下，双方通过举证、质证、辩论最终达成一致意见，签署协议书，保险公司按照60%给付身故保险金，合同终止，双方无异议。

- 仲裁

如果通过协商、调解等方式并没有达成一致意见，消费者也可以采取仲裁来维护自己的权利。

仲裁具有“准司法”性质，仲裁机构做出的仲裁裁决具有法律效力，双方当事人应当履行。不过，仲裁机构没有采取强制措施的权利，如果仲裁裁决后，保险公司拒不履行裁决，消费者可以向保险公司所在地的人民法院申请强制执行。

案例：

2017年，A公司向保险公司投保进口生产机床运输保险，并交纳保险费6000元，保险公司出具了保险凭证，并在保险条件中载明：投保人（或被保险人）保证被保货物为非精密类机械设备。后两部生产机床发生损坏，保险公司以生产机床属于精密设备为由拒绝理赔。于是，A公司申请仲裁，要求保险公司承担保险责任，赔偿货物损失200万元，最终获得仲裁庭支持。仲裁认为，目前对精密仪器设备没有统一标准，且保险公司经审核已经同意承保，故拒赔理由不能成立。

- 诉讼

诉讼是解决理赔争议最激烈的方式。总体而言，法院审判往往是有利于消费者一方的。

案例：

在辽宁省一起典型案例中，投保人与保险公司签订了某终身重疾保险合同，后被保险人被诊断为“冠状动脉粥样硬化”，而保险公司以“冠状动脉粥样硬化”不在重疾理赔范围而拒赔。

一审法院认为：原告、被告双方签订保险合同并履行多年，保险合同条款释义对重大疾病的范畴作了列举，被保险人对保险合同条款的内容及释义应当知晓并有充分地理解，其所患疾病不在合同约定的保险范围内，判决驳回原告诉讼请求。一审判决宣判后，原告不服，提起上诉。

二审改判认为：首先，重大疾病不是具体的病种，不是医学上的专门术语，而是一个内涵与外延难以确定的概念，仅以列举方式进行解释难以穷尽。因此，对重大疾病的理解应作有利于投保人或被保险人的解释。其次，格式合同以释义、注释的形式缩小了心脏病范围，减轻被上诉人责任。注释内容均为医学专有名词，保险公司未尽明确说明义务。最后，由于保险公司与投保人之间存在着严重信息不对称，当事人就合同内容的解释发生争议时，应以投保人或被保险人对于合同缔结目的的合理期待为出发点对保险合同进行解释。“冠状动脉粥样硬化”性心脏病应当属于一般人所理解的重大疾病，符合投保人投保的真实意图和一个社会普通人的合理期待。因此撤销一审判决，判决保险公司支付被保险人重大疾病保险金。

拨打官方投诉热线12378

- 什么是12378？

12378是保险监管机构在2012年设立的官方投诉热线，专门处理消费者对保险公司的投诉。2017年12378共接听电话69.69万个。但大部分消费者并不知道这个强有力的维权工具，实在可惜。

大家熟知的维权热线12315，很多人打过，但在保险领域，其效果远不如12378。原因很简单，12378是保险监管机构推动设立的，对保险公司有较大的压力。

那到底怎么拨打12378呢？具体如下：

（1）工作日9:00～17:00，直接拨打12378即可，不用加区号。

（2）最好是投保人或被保险人直接拨打，如果其他人拨打，需要委托手续。

（3）提前备好各类材料，如保险公司名称、保单信息等，避免二次通话。

（4）属地管理，哪个省买的保险，会转回到哪个省管。

● 从12378看保险纠纷

关于12378，高高是很谨慎推荐的，特别是遇到一些消费者明显不占理的情况。

从个案上看，12378有时候也会被一些无理的消费者滥用，甚至有一些人假意“指导”消费者退保或理赔，从而“分成”谋利。一些消费者并不明显占理的案子，保险公司为了息事宁人，也只好捏着鼻子赶紧赔了。

但从整体看，消费者限于信息、财力、物力等方面的劣势，一直是比较弱势的，普遍会觉得保险公司“店大欺客”，有纠纷时只能忍气吞声、无处诉苦。有12378这样一个强力的“反制手段”，其实能很好地倒逼保险公司严管前端销售通道、提升后端服务能力。

无论哪一方过于强势，对于持续经营都不是好事。而现在消费者和保险公司之间，还很缺乏相互沟通、制衡的平台，也缺乏足够的互信。所以高高个人觉得，还是要大力鼓励和支持12378这样一种第三方沟通机制，帮助保险消费者和保险公司更好地进行互动。而对消费者来说，要更好地学会利用合同规则、契约精神维护自身合法权益，这才是现代人处理一切纠纷的根本保障。

后 记

这是人生的紧要关头，得当机立断，痛下决心，哪怕一次也行，总之我得拼尽全力试试写小说，如果不成功，那也没有办法，从头再来不就行了。

——村上春树

这本书写得很慢，2018年底就陆续在公众号上发了，一直拖到现在才结集出版，总算给两年的人生自由实验交了一份答卷。

这两年苦辣辛酸，要感谢的人实在太多了。帮助我了解行业的小伙伴们，祺姐、高姐、辉哥、Alex、春波……如果没有你们无私的分享，我无法这么快积累起对行业的认知。这么多默默支持我的朋友们，你们的名字我无法一一在这里书写，但都深深记在心里，你们的认可和鼓励是我坚持做保险科普最大的信心。还要特别感谢编辑张梦初老师，费心费力，一直在为这本书忙前忙后。

有时候会觉得有些恍惚，我已经自由职业两年多了啊。这两年的经历可能比前三十年经历的都多。有一天晚上F先生问我：如果再来一次，你还会选择辞职么？

我想，还是会的吧。

因为，终于可以做自己喜欢的事，还能更好地养活自己和家人了。

其实说起来，自由职业远比上班辛苦。从离职第一天起，再没有单位给你发工资，你必须依靠自己一个人去和全世界竞争。在体制内时，这种感觉并不明显，平台给了你很多加持，让你以为自己好像是回事。出来以后，你才会发现自己是赤裸的，真本事并没多少。

但正因为这种无依无靠，所以只能拼命学习，努力向前。也正因为无人约束，前路一片辽阔，你可以从人生的狂奔中停下来认真思考，自己到底想要什么？

在体制内时，我只是一颗小小的螺丝钉，所有工作都是被动驱动的集体成果，很难真切地感受到自己创造的价值。而现在，做的每一件事都是自己选择的。因为喜欢，所以竭尽全力，独处、自律，摒弃一切杂念，专心致志打磨。你能真切地感受到在给这个社会创造正向价值，即便微如一丝清风，但总会带来一点清凉。

这两年最感动的时刻，是粉丝寄来家乡土特产，说感谢改变了他们对保险的偏见，发病前及时买的百万医疗险让他们度过了最煎熬的一关。而最懊恼的时刻，是一位素来亲近的朋友，忽然查出来得了癌症。而在他之前咨询儿童保险时，我没有坚持让他给自己优先配置；最终他只给孩子买了保险，自己却没得到任何保障，现在处在艰难的境地。

我还是太在乎别人的看法，怕别人认为我在推销，而没有坚持做自己认为正确的事。

所以要继续在保险科普这条路上努力。

为了自己，也为了别人。

大家都要更幸福呀！